保育Q&A 101

こんなときどうする？

保護者対応Q&A

監修＊小林研介
徳永満理

チャイルド本社

はじめに

　幼児は家庭を背負って園にやってくるといわれます。家庭の状況が子どもたちの表情や行動に顕著に表れるからです。その真ん中にいるのがご両親です。特にお母さんの影響は大きなものがありますね。保育者は、そうしたお母さん方と日々身近に接することになります。

　若い保育者のなかには、子どもといっしょにいるのは楽しくて大好きだけれど、お母さん方と接するのは苦手、という人も多いようです。本書はそうした保育者のために書かれた、保護者対応のアドバイスの本です。

　保護者を７つのタイプに分け、そのタイプ別に事例を集めましたので、タイプによって共通の対応の傾向が見つけられるのではと思います。また、本書には時としてアクマ園長が登場し、実際にはありえない対応を述べています。これは、時にはユーモアで乗り切ろうという意図とご理解いただければ幸いです。

　保育者同士、ユーモアでカバーしながら、保護者の気持ちを十分に把握して、真摯な対応で子どもたちのよりよい成長を願いたいものです。

監修代表　小林 研介

保育Q&A 101 こんなときどうする？ 保護者対応

目次

第1章 ルーズタイプ

第2章 おまかせタイプ

第3章 過保護タイプ

第4章 自己中心タイプ

第5章　自己主張タイプ

第6章　おさわがせタイプ

第7章 情緒不安定タイプ

保護者のタイプ早わかり

保護者からの要望やトラブルには、いくつかのパターンが考えられます。そのパターンごとにコミュニケーションの取り方も異なります。本書では、保護者を大きく7つのタイプに分けて考えてみました。ここで、それぞれのタイプの主な特徴を紹介します。

ルーズタイプ

第1章 p.11〜30

●時間やマナーを守るという意識が希薄で、子どもの面倒を見る意識もあまりない。特に悪気があるわけではなく、なにごとにもいいかげんで、だらしがない。得意技は忘れ物。

おまかせタイプ

第2章 p.31〜56

●子どもを育てている実感があまりもてず、子育てを他人まかせにしてしまう。子どものことをあまり気にかけていない。口ぐせは、「ちょっとお願いしたいことがあるんですけどぉ〜」。

過保護タイプ

第3章 p.57〜72

●自分の子どもがかわいくって、なんでもやってあげてしまう。子どものことを過剰に心配し、離れていると落ち着かない。口ぐせは「私がそばにいてあげないと……」。

自己主張タイプ
第5章 p.117〜156

●子育てに自分なりのビジョンをもっていて、それだけが正しいと信じている。自分に自信があるので、他者の意見には耳を貸さない。理屈を並べて無理な要求を通そうとするのが得意。

自己中心タイプ
第4章 p.73〜116

●自分が地球の中心にいると思い込んでいる。周囲のことなどまったく気にせず、自分の都合だけを優先させて、物事を進めようとする。なにかあると、ひとこと言わずにはいられない。

情緒不安定タイプ
第7章 p.183〜213

●自分にも子育てにも自信がもてず、自分のカラにこもってしまいがち。他者とコミュニケーションをとるのが苦痛で、子どもと接するのも苦手。口ぐせは「どうせ私は……」。

おさわがせタイプ
第6章 p.157〜182

●自分や子どもを守ろうとするあまり、つい他者に対して攻撃的になる。冷静に考えることが苦手で、すぐかっとなったり、興奮したりする傾向にある。うわさ話や陰口が得意。

第1章
ルーズタイプ

Q 1

毎日遅刻してくる保護者には？

4歳のHちゃんは、ほとんど毎日遅刻してきます。理由は、母親にあるようです。低血圧なのか、したくに手間取っているのかはわからないのですが、登園時間は守ってほしいと思います。このような母親には、どのように言えばよいでしょうか。

A1 母親の気持ちに寄り添い、子どもが楽しく登園できる働きかけを

まずは、母親の気持ちに寄り添ってみましょう。機会を見つけて話しかけ、母親が抱えている悩みや考えていること、うまくいかないことなどを、共感的な態度で聞いてください。自分の気持ちをわかってくれる人には心を開き、耳を傾けることができるものです。

低血圧なので朝早く起きられないというなら、「それはつらいですね。大変ななか、よくがんばっていらっしゃいますね」と共感するとともに、がんばりを認めてあげてください。決して責めてはいけません。

また、子どもがなかなかしたくしないので困っている、ということもあるでしょう。このような場合、子どもが園生活のなかで、なにをしていいかわからなくて不安になったり、居場所が見つけられず自己発揮できないでいたりしているのかもしれません。夢中になって遊び、「楽しかった！」と満足する経験がもてないでいることも多いようです。そうなると園が楽しくなくて、したくにも気が進まなくなってしまいます。

いずれの場合も、子ども自身が園に来たくなる遊びや環境をくふうすることを忘れてはいけません。園全体で協力しながら声をかけ合い、配慮していきましょう。鉄棒やなわとびなどの記録挑戦タイムを設定するのもいいでしょう。絵本の読み聞かせや、製作コーナーなど、興味のある課題を探りながら環境構成を変化させていくのもいいでしょう。子どもが期待をもって登園を楽しみにするようになれば、お母さんも安心でき、子育てへの意欲も湧いて、朝も元気にしたくができるようになると思います。「お母さん、早く行こうよ」という子どものひと言が、母親を励ましてくれるのです。

〈野上 秀子〉

今日も遅刻ですか！
よくがんばっていますね
しょぼん…

Q 2 いつもお迎えが遅い保護者には？

いつもお迎えの時間に間に合わない保護者がいます。毎日、5分から30分くらい遅れてきます。仕事が忙しいのはわかるのですが、決まっていることなので、お迎えの時間に来てほしいと思います。どう対応したらよいでしょうか。

A 2

保護者の帰りを待つ子どもの思いを伝えましょう

保護者の就労形態も大きく変わりました。朝早くから夜遅くまでの勤務時間で働く人が多く、時間ぎりぎりにお迎えに来る保護者の姿もよく見かけます。

「おかえりなさい。お仕事大変でしたね」と、まずは保護者の気持ちに共感した言葉をかけてあげましょう。大変さをわかったうえで、なぜお迎えの時間を守ってほしいのかを伝えると、保護者にも理解してもらいやすくなると思います。一方的に園の言い分だけを伝えるのは避けましょう。

一日を友達と楽しく過ごした子どもは、「○○して楽しかったよ！」と保護者に伝えたくて、お迎えを心待ちにしています。そんな子どもの思いをしっかり聞いて受け止めてあげるためにも、お迎えに来てから帰るまでの時間に、少しゆとりをもってほしいのです。時間がなく慌ただしく園を出て行くのは、子どもにとっては悲しいことですね。親子で楽しい会話をしながら帰ってもらいたいものです。そんな楽しい会話を耳にすると、保育者も「一日がんばって保育してよかったな」と思えます。

園での出来事を話したいと思っている子どもの気持ちを、保護者にも理解してもらいましょう。そうすれば、お迎えの時間を意識してくれるようになるでしょう。

それでもお迎えの時間が遅くなる場合は、園に連絡を入れてもらうようにすると、保育者も子どもも安心して待つことができると思います。

〈市枝 恵子〉

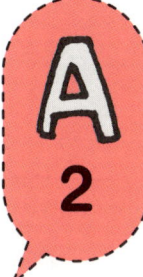

Q 3 送迎時の駐車のマナーが悪い保護者には？

子どもの送り迎えに自家用車を利用している保護者のなかには、決められた場所に停めないとか、いつまでも駐車しているなど、マナーの悪い人がいます。ルールをきちんと守ってほしいのですが、どのような対応策をとったらよいでしょうか。

A 3

駐車3分、子ども引き渡しから2分など、はっきりきまりを作ると効果的です

　車で子どもを送迎する保護者には、入園時や年度始めに「車送迎の約束」をきちんと伝えておく必要があります。保護者によっては、道路で子どもを降ろすと、園内まで子どもを連れてこないで「さあ行ってきなさい」とばかり、車を発進させて行ってしまう人もいます。きちんと担任のところまで子どもを連れてくること、こんな基本的なことも約束として伝えておく必要があります。

　ここで問題になっているのは、駐車して子どもを連れてくるのはいいけれど、その駐車の仕方のルールです。公道に車を停めると、近所から苦情が必ず来ます。駐車違反の場合は当然処罰の対象になりますから、きちんと注意すればある程度理解してもらえるはずです。

　困るのは駐車スペースがある場合です。いつまでもそのスペースを独占されると、当然ほかの人は停められません。朝は比較的早く帰ってくれますが、問題は帰りです。ほかの人とおしゃべりしていて帰らない場合など、本当に困ります。そういう、ほかの人のことが考えられない保護者には、やはりルール（マニュアル）を作って守ってもらうよりほかに手はないようです。「駐車3分」とか「子ども引き渡しから2分」とか、決めてしまうのです。「帰りにおしゃべりしたり、園庭で子どもを遊ばせたりしたいなら、車で来ない」というきまりを作ってしまえば、ある程度は効果があると思います。

〈友松 浩志〉

Q 4

登降園時に、連れてきた弟妹の面倒を見ない保護者には？

朝の登園時や、夕方のお迎えの時に、園児の弟や妹を連れてくる保護者がいます。連れてくるのは構わないのですが、面倒を見ないで、放ったらかしにしていることがよくあるので、困ります。ほかのお母さんとのおしゃべりに夢中になっているのです。どのように対応したらよいでしょうか。

A 4

園内は幼い子どもには危険があることを具体的に話しましょう

登降園時に下の子の面倒を見ない保護者に、単刀直入に面倒を見るように注意を促すことは難しいものです。そこで次のような段階的な対応が現実的と思われます。

まず初めに、登降園時の注意点などをまとめたお便りを、全保護者あてに出してみましょう。例えば、速やかに「子どもを見送った後は、速やかにお帰りください」「小さいお子様をお連れの保護者の方は、危険のないように見ていてください」などの趣旨で出されてはどうでしょうか。

このような対応で改善されない場合は、直接保護者に声をかけて、個別に対応する必要があります。ルーズタイプの保護者は、園内が子どもにとって十分安全な場所であると無意識のうちに思い込んでいる方が多いため、園児よりも幼い子どもにとって、どのような危険性があるかを具体的に話すことが効果的と思われます。例えば、園内にある斜面の傾斜や段差などは、園児を対象として設置されているものが多いため、園児の弟や妹にとっては、保護者なしで遊ぶには危険な場合があること、また、園児どうしの遊びは、スケールなどの点でその弟や妹とは違うものとなっているため、そのなかに一人幼い子どもが入ることは危険であることなどを、保護者に意識してもらうことが重要です。

このような声かけを行ったとしても、一度で改善されることは少ないと思われます。繰り返し声かけをしていくことが大切です。

〈亀ケ谷 忠宏〉

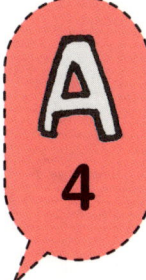

Q5 絵本代・教材費の支払いが滞る保護者には？

毎月の絵本代や教材費を払ってくれない保護者がいます。お金に困っているようにも見えないのですが、このような保護者から教材費を徴収するには、どうしたらよいでしょうか。

A 5

迅速な対応を心がけ、事務職員、管理責任者に委ねましょう

単に、忘れているということが明確ならば、やはり請求をこまめにすることでしょう。

用品代や教材費などの徴収をクラス担任が行っている例を見かけますが、できれば金銭の徴収関係は事務職員がすべて担当することが望ましいと思います。また金銭に関しては微妙な問題もあり、事務職員でも対応できない事例などもありますので、その場合はすぐに管理職へ連絡できる体制を作り、対応を図ることが必要です。

子どもとかかわる保育者がそのような問題に関係することになると、子どもへのかかわりについても影響が出かねませんので、十分配慮してください。

また、保護者が意図的に払わない（払う必要がない）と思っていることもあります。その保護者にとって、払わない理由がある場合は、園全体の問題になります。そのような問題が明らかになった場合には、くれぐれも一人で解決しようとせずに、常に管理責任者（園長、事務長、理事長など）に報告し、対応を委ねるようにすることが必要だと思います。

金銭関係の問題は、時間が経過しすぎると支払いの有無があいまいになりやすいので、迅速に対応しておくことも必要だと思います。

〈松村 正幸〉

Q 6 忘れ物の多い保護者には？

忘れ物の多い保護者がいます。着替えやタオルなど日常使う物のほか、提出物なども締め切りの日を守ってくれません。毎回注意するのも気が重いのですが、どうしたらいいでしょうか。

A 6

忘れ物があると子どもが困るということをていねいに伝えていきましょう

保育者が、「もうっ！　また忘れ物をして！」と毎日思いながら接していると、保護者との関係がうまくいかなくなることが起こってきます。忘れ物をしないで登園できる習慣がつくまで時間がかかると思いますが、あたたかく見守っていきましょう。

それまではていねいな対応を行い、例えば、前日に「明日は○○を持ってきてくださいね」と、もう一度確認の声かけをするなどしておきましょう。繰り返し声をかけるなかで、保育者の思いが保護者に伝わり、保護者自身に忘れ物をしないようにしようという意識が芽生えてくると思います。

子どもは自分の持ち物がきちんと整っていると、一日をとても楽しく気持ちよく過ごすことができます。「次は○○しよう！」と意欲いっぱいで、とてもすてきな笑顔でいても、必要な物がないとわかった時には、一瞬にして悲しい表情に変わり、せっかくの意欲をなくしてしまいます。また、物がないことで、生活するためにつけたい力も半減してしまうことにもなります。子どもの気持ちを大事にして、忘れ物がないようにしてもらいましょう。

年齢の大きいクラスの子どもたちは、前日に保護者といっしょに翌日の準備をするようにしてもらいましょう。保護者が忘れていても、子どもが教えてくれると忘れ物も減りますね。

〈市枝　恵子〉

Q 7
連絡帳を見てくれず、園の下着を貸しても返さない保護者には？

連絡帳は、保護者との情報共有の場と考え、できるだけ子どもの様子が伝わるように書いています。でも、なかには全然連絡帳を見てくれない保護者がいて、そんな方は園の下着などを貸しても返却してくれません。どう対応していったらよいでしょうか。

A 7

送迎時の対話でコミュニケーションを図り、信頼関係を築いていきましょう

保護者との関係については、保育所保育指針第6章にも「子どもの保育との密接な関連の中で、…（中略）…様々な機会を活用して行うこと」「保護者との相互理解を図るよう努めること」と明記されています。

家族の支援をしていく場合、コミュニケーションの量と質が問われることになります。連絡帳は、日々のコミュニケーションをとる方法の一つです。ほかにも送迎時の対話などの方法がありますので、それを試みてはどうでしょう。

働いている保護者が送り迎えの時間にゆとりをもってかかわることはかなり困難なことですが、少しの時間を有効に使って対話をくふうしましょう。連絡帳で伝えたい内容を「○○ちゃん、一生懸命歌をうたってすてきでしたよ」「きょう、お当番を上手にしてくれました」などと、子どものよい面を見つけながら、口頭でも伝えてみてはどうでしょう。連絡帳にはなにも書かれていなくても、保護者が保育者に心を向けてくれるよう働きかけていくことが、大切ではないでしょうか。懸命に子育てをしている保護者の思いを、どんなささいなことでも受け止めていく姿勢が必要だと考えます。

子どもたちが担任の保育者を大好きなように、保護者にも保育者と話をしたいと思うようになってほしいですね。どういう子育てをしていても、励ましのエールを送りながら、コミュニケーションを図っていくことが問題解決に結びついていくと考えられます。

保育者と保護者の信頼関係を築くことができれば、おのずと連絡帳を見てみようとか、園の生活に目を向けてみようと思うようになるのではないでしょうか。そうすれば、下着の返却についても気軽に促すことができ、保護者も気づいていくようになると思います。

〈若林 宏子〉

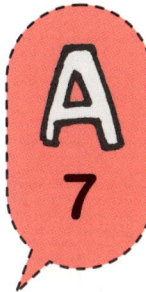

Q 8

保育参観でおしゃべりや携帯電話がうるさい保護者には？

保育参観の時、親どうしのおしゃべりに夢中になる保護者や、携帯電話でやかましい保護者がいます。子どもたちの気が散るし、常識的に考えてもマナー違反なので、やめてほしいのですが、どのように注意したらよいでしょうか。

アクマ園長の回答

もちろんその保護者の携帯電話に電話して、保育参観の内容を詳しく説明してあげるようにします。

保育参観中なので相づちは無言でよいことをまず最初に述べることが、このような場面での正しい通話マナーです。蛇足ですが通話料はこの場合、着信払いが常識となります。

A 8 事前に参観のポイントを伝えておきましょう

保育参観の通知の手紙のなかに、前もって私語や携帯電話を控える旨のお願いをしておきます。そしてなによりも大切なことは参観の「ねらい」や子どもの姿を見るポイント（見どころ）をわかりやすく書いておくことです。参観する人は見どころがわからずにいると、どうしても注意が散漫になってしまうことがあります。さらに「本日の保育活動のなかでお子さんはなにを一番楽しんでいましたか」「くふうしたところはどこでしょう」「助け合う姿が見られましたか」などのように、参観チェックリストを用意しておけば、なおのこと話す暇もなくなります。

参観は幼児教育の理解の場でもありますので、そうしたくふうも必要です。

また、参観の初めに、「もし騒がしい場合はイエローカードをお渡しします」などと言って、黄色の折り紙を用意するようなユーモアで切り抜けることも一案でしょう。

〈小林 研介〉

Q 9

子どもを夜型にしてしまっている保護者には？

3歳のHちゃんの両親は出かけることが好きで、Hちゃんを連れて出かけても、夜遅くまで遊んでいることが多いそうです。そのせいかHちゃんは朝からあくびばかりして、不機嫌なことが多いように思います。よい対応策はないでしょうか。

A 9

睡眠時間と睡眠の時間帯の大切さをアピールしましょう

夜型で生活している子がとても増えています。核家族になって家族単位での外出が気軽になったこと、深夜営業や24時間営業のお店の急増、ファミリー層をターゲットにしたレストランの増加などにより、子どもたちの外出の機会も増えているようです。そのことをまずは理解しましょう。

そうしたなかで、この保護者は、夜の睡眠が子どもの成長において、どれほど重要な役割があるのかを知らないのかもしれません。「夜型は困ります！」「あくびばかりで朝から不機嫌です！」と言う前に、理想の睡眠時間や睡眠の大切さをていねいに伝えていきましょう。

最近の研究でも、発育期の睡眠の大切さと、生体リズムを整えるために子どもに適した睡眠時間と時間帯を確保することの大切さが、指摘されています。社会の流れを受け止めながら、子どもに適した生活時間を送ることが健全な成長を促すことを、積極的にアピールしていきましょう。

夜は早く寝て、睡眠時間をたっぷり取っている子どもは、そうでない子どもにくらべて学校の成績がよく、部活動や課外活動により積極的であるというデータも出ているようです。幼児だと、就寝は8時ごろ、起床は7時ごろが理想です。

また、集団生活のなかで一番大切なことは、自分の好きな遊びを好きな仲間と十分に楽しむことです。その子が園に足を一歩踏み入れた時から「ドキドキ、ワクワク」が始まります。「きょうは誰といっしょになにをして遊ぼうかな」という期待が大切な学びなのです。寝不足が原因であくびをして、朝から不機嫌になってしまうようでは、大切な学びの瞬間を逃してしまいます。

わが子を思う気持ちはどの親にもあります。睡眠の重要性を知れば、いろいろと考えるきっかけになることでしょう。

〈福田　光葉〉

Q10 衛生観念の乏しい保護者には？

1歳5か月のMくんの母親は、Mくんをあまりお風呂に入れていないようです。なん日も同じ洋服を着せてきたり、園での着替えを忘れたりもします。どう対応したらよいでしょう。

A10 清潔にすることの大切さをわかってもらいましょう

1歳5か月ごろの子どもはたえず活動していて、新陳代謝が盛んです。毎日お風呂に入り、汚れを落として清潔にし、衣服は汗を吸いやすい素材のものを選び、こまめに着替えることが必要です。

お風呂にあまり入っていなかったり、汗を吸い取った同じ服をなん日も着るのは、不衛生で皮膚に炎症を起こす原因にもなります。

大人もこのような状態で過ごすと、きっと「気持ち悪い」と感じることでしょう。この年齢ではまだ自分で気をつけて清潔に保つことはできません。大人が日ごろから気をつけて子どもの清潔を保つようにしたいものです。そうすることで、子ども自身が清潔にすることの気持ちよさに気づけるようになっていきます。

以上のようなことを保護者に伝え、清潔にすることの大切さをわかってもらいましょう。もし、お風呂に入れられない状況や、こまめに着替えができない状況がほかにあるのであれば、事情を聞き取り、どんな方法をとるとうまくいくのかをいっしょに考えましょう。

〈市枝 恵子〉

第2章
おまかせタイプ

Q 11

園にすべてまかせっきりの保護者には？

なんでも園にまかせっぱなしの保護者がいます。園を信頼してくれてのこととは思うのですが、なんだか他人まかせな感じで、子育てを放棄している感もあります。もう少し子どもに関心をもってほしいのですが、どう対応したらよいでしょう。

A 11

できるだけ話し合う機会を作り、園の行事に参加してもらいましょう

仕事人間か、若くてまだ遊び足りないお母さんかもしれませんね。

子どものことで一対一で親と話し合う機会はありますか。園での生活の様子、子どもがすごく喜んだこと、困ったこと、こんなことをがんばってやり遂げ成長しましたなど、帰りのちょっとした時間を見つけて話すように心がけてみてはいかがでしょう。少しは関心をもたれるかもしれません。

また園全体のことになりますが、保育参加や保育参観を行い、ただ見に来てもらうだけでなく、親にもなにか得意なことをしてもらったり、給食を試食してもらったりするなど、直接かかわってもらうのもよいでしょう。参観日は一日だけでなく、なん日か設定して日程に余裕をもたせておくなど、園に来やすいくふうをすることも方法の一つです。

それから、園での行事の時に、簡単なことでいいので、必ずかかわらなければならないような計画を立てるのもいいでしょう。

例えば、クリスマスの時に保護者にプレゼントを作ってもらい、サンタさんに渡してもらってはいかがでしょう。年齢によって作るものは違いますが、どうしても園に持ってきてもらわないとならなくなります。作ることをせず、買ってきたとしても、子どものために探すというかかわりは必要になってきます。

また、七夕の時に、子どもへの親の願いを短冊に書いて持ってきてもらう、という一案もあります。

初めて試みる時は、親から文句が出るかもしれませんが、子どもに親がかかわることがどれほど子どもにとってはうれしく、次のエネルギーにつながることなのかを話すことで、解決できると思います。

〈篠原　秀子〉

Q 12

基本的なしつけを園に求める保護者には?

3歳児の母親から、食事の前に手を洗うなどの基本的なしつけを園でしてほしいと要求されました。このようなしつけは、本来家庭で自発的に行ってほしいと思うのですが、どのような働きかけをしたらよいでしょうか。

A 12 しつけをする理由、取り組み方を理解してもらいましょう

最近よく見られる保護者の姿の一つですね。周りにしつけをしているよいお手本が少なくなっていることが、しつけをする理由や方法がわからないことの原因なのですが、反対に、そばによいお手本があっても気づかないという現象も見られます。

社会的に必要なしつけは、ほとんど園がすることになりますが、個人のしつけはまず親が身につけさせて、園でより身につくように指導するのがスムーズだと思います。しつけをするのはなぜか、どんな取り組みをすると子どもの身につくかを知ってもらいましょう。まず、園でしている取り組み方法を伝え、家庭へとつなげてもらう方法です。

一例として、園からのお便りを紹介します。

> 子どもたちが、せっけんの泡をいっぱい手にのせてこすり合わせ、泡遊びをした後、指の間や爪の先を、しっかりと上手に洗いました。みんなはきれいになった手を見て、とても気持ちよさそうでした。ご家庭でもぜひやってみてください。

しつけは、健康や安全の維持に必要なことや、他者と円滑に気持ちよく接していくための社会的行動の取り方を教えることです。家庭では「手がきれいに洗えるようになったって書いてあったよ。お母さんにも見せてほしいな」と声をかけ、お母さんもいっしょに洗ってもらいます。そして、「ほんと、すごい！　○○ちゃん、手がきれいに洗えるんだ。きれいになると気持ちがいいね」と、できたことを認めてもらいましょう。大好きなお母さんにほめてもらえることは、なによりの自信につながるということを理解してもらえると、保護者自身がしつけをしていく力になることでしょう。

〈木藤　尚子〉

Q 13

泥遊びで汚れた服の洗濯を園に頼む保護者には?

これ、園で
洗ってもらえない
ですか
えー

泥遊びなどをすると、衣服がかなり汚れてしまいます。そんな時、園で汚した衣類なのだから、園で洗ってほしいと言ってくる保護者がいます。なんでも園に頼もうとする態度をなんとかしてほしいのですが、どう話したらよいでしょうか。

A 13

保護者の気持ちを理解する努力をしてみましょう

保護者がどんなところで困っているのか、なにを言いたいのか真意をわかろうとすることも大事です。

泥遊びをして汚れた服は、色が変わってしまい、洗ってもなかなか落ちません。ひょっとしたら、「毎回毎回こんなに色がついてしまって困るのよ。わかってくれてる?」と思っているかもしれませんし、「少しだけでも園で洗っておいてくれたら、家でどれだけ楽になるか……」と思っているのかもしれません。そんな気持ちをどこまでつかんで対応するかで、ずいぶん親の気持ちも変わってくると思います。

また、泥んこ遊びの楽しさや子どもたちにとっての意義などを、時々クラス懇談会などで、ビデオを見せながら話したりしておくと、「こんなに子どもたちが楽しそうに遊んでいるのだから、洗濯は大変だけどがんばってみようかな」と思うようになってくれるかもしれません。

泥遊びをするときは、泥んこ用の服に着替えて、最小限の洗濯ですむように配慮するとか、泥んこパンツを園に置いておいて、それだけは園で洗うなど、歩み寄ってはどうでしょうか。きっと保護者も毎日の生活にいっぱいいっぱいなのでしょう。その気持ちをまずは聞いてあげることからだと思います。

〈桃澤 智恵子〉

Q 14

朝食を園で用意してほしいと言う保護者には？

連絡帳にはー
〈朝ゴハン〉サンドイッチとコーンスープ果物
って書いてあるけど
どう見ても食べてきているとは思えない
ぐた〜
キュ〜
グルグル
あのー お母さんAくん今朝何を食べましたか？
だからそこに書いてある通り
その朝食を園で用意してくださいってばー
えー
???
そういう意味なの？

朝食をとってこない子どもがいます。朝食は大切だからバナナ一本でもいいのでなにか食べてくるように話したら、朝は忙しいので朝食は園で用意してほしいと言われてしまいました。どのように対処したらよいでしょうか。

アクマ園長の回答

忙しいなら、ご要望どおり、朝食を喜んで用意するようにします。ただし、夕刻はこれまた忙しい保育者のために、夕食をご用意いただけるようにお願いしましょう。毎日が家庭訪問状態で、家庭との連携もうまく図れます。その際、料理はもちろんデザートの品目についても好みをはっきり伝えるなど、情報は正しくを心がけます。

A 14 子ども中心の生活リズムをお願いしましょう

子どもたちの生活のリズムが親の生活に影響され、夜型になっていることが指摘されています。現に、遅い時間にファミリーレストランで子どもが食事をしていたり、深夜の買い物に子どもがいっしょという場面も時おり見かけます。

夜が遅ければ当然のことながら朝が遅くなり、食事をとらないことも起きやすくなると思います。睡眠不足と食事をとらない影響で、そうした子どもは午前中の動きが極端に悪いことを知らせる必要があります。

まず生活のリズムを子ども中心に考えることを伝え、早寝早起きの習慣を身につけるようにお願いします。また、食事をしてきた時に元気だった、活動が活発であったということを伝えて、お母さんの対応がよいと子どもが生き生きすることを話すようにします。

大人でも、ほめられることはうれしいことです。よい習慣の維持が図れるよう、励ますようにしてみましょう。

〈小林 研介〉

Q 15 食事を作らない保護者には？

食生活が乱れている子がいます。朝食はとらず、夕食はコンビニのお弁当中心で、食べる時間もバラバラとのこと。保護者に改善を求めても、母親が食事を作るのが好きではないようで、無理と言われてしまいます。このような母親にはどう対応したらよいでしょうか。

A 15

料理しなくても食べられるものから始めてもらいましょう

どこのご家庭にも、さまざまな食事のスタイルがありますね。手の込んだ手作り料理もあれば、冷凍食品、コンビニの弁当、マーケットのお惣菜、外食などもあり、食事の内容にまではなかなか踏み込めません。

しかし、「朝ごはん」をとることは、子どもの心身の成長に欠かせない習慣の一つです。元気に園生活を送るための必須条件ですね。「早寝早起き朝ごはん」の重要性が叫ばれて久しくなりましたが、これは、園全体の課題として保護者に繰り返し伝えていきたいことです。

「朝ごはんは大事」という意識は、きっとどの母親もすでにもっていると思います。でもできない——そんなジレンマを抱えて生活しているのではないでしょうか。お母さんができないことを責めず、園でもできる範囲で支えてあげてください。

時には、牛乳を少し飲ませたり、砂糖水を与えたりすることも必要かもしれません。また「朝ごはんお助けメニュー」などを、立ち話やクラス便りなどでなにげなく紹介してみるのも一つの方法です。例えば、調理しなくても食べられるクラッカーやコーンフレーク、チーズやヨーグルト、果物、牛乳などなど。こんなことでもいいのかと、気持ちが楽になるかもしれません。急に手のかかる料理ができるわけではありませんので、長い目で見ながら、まずは「食べる」ことから始められるよう、料理の許容範囲を広げてみるといいでしょう。

また、園医や栄養士に協力してもらい、子どもの成長に欠かせない栄養について解説してもらうことも、お母さんの意識を刺激できるよい機会となるでしょう。

ネグレクト（放置）などの虐待が見られる場合は、専門機関への連絡が必要となります。主任や園長に相談しながら見守っていきましょう。

〈野上 秀子〉

Q 16

病気が完治していない子を登園させる保護者には？

病欠していた子が完全に治っていないようなのに、医者が登園しても大丈夫と言っているからと、預けていく保護者がいます。また発熱などの症状が出てしまうこともあるので、受け入れは慎重にするべきだと思うのですが、どう対応したらよいでしょう。

A
16

体調を崩した際の登園基準を決めておきましょう

　病気が完治しているのかどうか、登園していいのかどうかの判断が、保育者と保護者で食い違うことがあります。感染症の種類によっても登園基準がわかりにくい場合がありますが、入園時の懇談会などで、園の方針を事前に保護者に伝えておくとよいでしょう。

　現実には、医師によっても判断基準が違うことがあります。集団保育を理解していただける園医や看護師などの専門職と話し合って園の方針を決めておくと、保護者に納得のいくアドバイスができると思います。

　また、完治していないのに、どうして登園させてしまうのかという理由についても考えてみましょう。保護者のなかには、労働条件が厳しくて仕事を休むことができない方が増えています。また、体調の見方や病状がよくわからないので、登園させてしまうこともあります。なかには、誕生会やクッキングなどの行事に参加させてあげたいという思いが先行して、登園させることもありますので、保護者の思いも聞いてみてください。

　園としては、保護者に次のように説明してはいかがでしょう。

・学校伝染病でお休みした場合は、友達への感染の恐れがないことを医師に確認してから登園してください。
・一般のかぜなら、熱が下がって顔色もよく機嫌がよい状態であれば、登園してもよいでしょう。下痢や嘔《おう》吐を伴うかぜの場合は、登園してよいかどうかを、必ず医師に相談してください。

　一度発熱すると繰り返す子どもがいますが、医師の許可がでたら基本的には受け入れていいと思います。ただし、登園時やその後に全身状態が明らかに悪いと判断した場合は、保護者に連絡をとり、ありのままを伝えて相談してください。

〈山口　千恵子〉

Q 17

かぜをひいた子に、以前もらった薬を飲ませてほしいと言う保護者には?

かぜをひいてしまった子に、以前同じ症状の時に病院から処方された薬が余っているから、それを飲ませてほしいと言ってくる保護者がいます。断っても、親がいいと言っているのだからと言われてしまいます。どのように対処したらよいでしょうか。

A 17

以前の処方のものはNO！薬を預かるルールを決めておきましょう

薬は、本来医師が処方したものを本人が納得して飲むべきですが、子どもの場合は、保護者が代わって飲ませてあげなくてはなりません。ですから、園で保育者が飲ませる場合は慎重な対応が必要です。

また、基本的には、登園する子どもは病気にかかっていないことが前提ですから、本来は園で薬を預かる必要はありません。しかし、園の方針として薬を預かる場合は、保護者が最終責任をもつようなルールをつくることが大切です。

例えば、保護者には「依頼用紙」などを必ず提出していただき、かかった医療機関名、診断、薬の種類、飲ませ方、飲ませる時間などを記入して、明確にわかるようにしてもらいます。もちろん、薬は一回分だけを持参してもらいます。

薬を預かる方針をとると、どうしても薬を預かるケースが増えてきます。誤飲や飲ませ忘れがないように、保育者への口頭依頼や連絡帳への記録を行う習慣をつけていただきましょう。園に看護師などの専門職が配置されている場合は、管理責任者として位置づけると安心です。

医師は、その時々の症状にあわせた薬を慎重に処方します。薬の有効期限、品質の管理、副作用の観察なども、とても重要です。園で、やむなく薬を預かる場合もありますが、以前にもらった薬や市販の薬などを医師の指示なく預かることはできないということを、はっきりと保護者に伝えておきましょう。

〈山口 千恵子〉

Q 18

休日に遊びすぎて、子どもを疲れさせてしまう保護者には？

1歳のMちゃんの両親は外出するのが好きで、休日にはかなりハードなスケジュールで遊びに出かけているようです。そんなMちゃんは、週明けにはいつも疲れた様子で、かわいそうな気がします。上手に話をしてわかってもらいたいのですが、どう切り出したらよいでしょうか。

A 18

園での様子を伝えて無理のない休日を心がけてもらいましょう

週明けの一日、Mちゃんがどんな一日を過ごしているのかを具体的に伝え、ご両親自身に気づいてもらうことが必要です。

あくびの回数、食欲、遊びへの集中度、そのほか気になったことを記録し、それを伝えてみましょう。普段と違う様子が見られることは、ご両親にとっても、気になる問題だと思います。話をするうちに、その症状が週明けに多く、その日一日がMちゃんにとってちょっとつらい日であることが明らかになってくるでしょう。

ご両親にとっては、週末に出かけることが、ストレス解消であったり、Mちゃんに楽しい時間をプレゼントすることだったりするのでしょうから、その気持ちはきちんと受け止めたうえで話をすることが大切です。ご両親といっしょなら、近くの公園で遊んだり散歩したりするのんびりした休日も、Mちゃんくらいの年齢の子にはとてもうれしいこと、そして大切であることを伝え、アドバイスしてはいかがでしょうか。

保護者は、園にいる間の子どもの様子を知らないわけですから、具体的に様子を伝えることで、安心していただけることもあれば、逆に問題点を理解していただき、改善を促すきっかけにつながることもあると思います。改善によって変化が表れたときには、ぜひそれを伝え、保護者の努力がよい結果につながったことを喜び合うようにしましょう。

〈佐久間 浩子〉

Q 19

仕事が休みの日にも子どもを預ける保護者には？

1歳児クラスのSくんの保護者は、仕事が休みの日でも、Sくんを園に預けて遊びに行っているようです。仕事が休みの時くらいは、子どもといっしょに過ごしてほしいと思うのですが、お金を払っているのだから当然という態度です。どうしたらよいでしょうか。

A19

子どもと接する楽しさに気づいてもらうことが大切です

子育ての主体は保護者です。保育所保育指針の解説書に個別支援が必要な保護者に対する内容が記載されていますが、保護者の子育てに対する考えに、保育者の子育て観を押しつけるわけにはいきません。仕事が休みの時間は自分のために使いたい、という思いがあるのでしょう。

現代の親たちは羅針盤がなくなったような状態です。

まず、働く環境は、子育てをしながら働き続けるための条件を満たしている職場だとは言えないところが多いのが現実です。そんななか、子育てをすることになった親の不安は、察するにあまりあります。

そして主な育ての親は母親です。子育てのパートナーとしての父親は長時間の仕事で疲れきってしまっていることが多いのが現実です。家族を支援していくことによって子育ての楽しさが保護者に伝わり、子どもに目が向けられていくように援助していくことが重要だと考えます。

1歳児の子どもを育てながら働き続けることは、気持ちのうえでも、身体的にも苦労の多いことだろうと思います。1歳児は言葉も不十分で、危険から守ることで精いっぱいの状況でしょう。日々食べさせて、寝かせての繰り返しが続いていて、母親自身が子どもと接する楽しさに気づいていないでしょうし、子どもとの遊び方もわからないでいるのではないでしょうか。「青菜が入ったごはんをおいしそうに食べていましたよ」「おまるでおしっこがでましたよ」などと、子どもが育っていることを具体的に伝えて喜び合うなど、保護者との日々のコミュニケーションを大切にしていきましょう。

また、保育参加などを通して子どもへの接し方、遊び方を伝えることも大切です。子どもの成長に目が向けられるようになった時、母親自身が子育ての楽しさに気づいていくことでしょう。

〈若林　宏子〉

Q 20

保育参観や保護者会に参加しない保護者には？

保育参観や保護者会に、なかなか参加してくれない保護者がいます。いつも保育参観に親の姿が見えないと、子どもが気落ちしてかわいそうです。このような保護者に対して、よい呼びかけの方法はないでしょうか。

A 20

不参加の理由を考え、その理由にあわせて働きかけましょう

まず保育参観や保護者会などに保護者が参加しない理由から考えてみましょう。

①面倒くさい。
②保護者自身スケジュール管理ができず、参観日の日時を忘れている。
③仕事などで忙しい。
④子どもが嫌い、関心がない。

などなど、理由は一つではないでしょう。

子どもの日ごろの発言や行動、保護者とのかかわりの様子などから、どういった理由で参加しないのか推測し、働きかけを変える必要があると思います。

①や②の場合、「○○ちゃん、お母さんが来られるのを、とっても楽しみにしていますよ。おうちの方と遊ぶ時間もあるので、いっしょに楽しんでくださいね」など、子どもの様子を伝える機会にあわせて、参観日への参加を促してみましょう。②の場合は、できるだけ参観日に近い日に話をするとよいでしょう。子どもと「参観日招待券」を作り、保護者を直接誘う方法も考えられます。

③の場合、保護者の仕事のシフトや年休使用などを考慮すると、少なくとも1、2か月前に予定が組めるよう行事の日時を知らせる必要があります。

保護者に特別な事情があり、気持ちはあってもどうしても参加できない場合は、子どものことを第一に考えて、ほかの可能な日に参観できる機会を設けるなど、柔軟な対応も必要でしょう。

④の場合は、保護者との信頼関係を重ねながら、保護者自身をサポートすることが望まれます。

〈浜名 浩〉

Q21

園の行事に一度も来ない父親には？

園の行事に一度も来たことのない父親がいます。仕事が忙しいのもわかりますが、子どものためには父親にも園生活に興味をもってほしいと思います。どう対応したらよいでしょうか。

A 21

無理強いはしないで、当日の様子を伝えて共感してもらいましょう

母親とは、毎日の送り迎えで会う機会も多く、コミュニケーションもとりやすいですが、父親とは普段なかなかお目にかかる機会がありません。実際に園に足を運んでいただいて、幼稚園、保育園の活動や子どもの様子を見ていただくことは大変有意義なことです。父親といっしょに園で過ごす子どもたちが、うれしそうに甘えてみたり、父親とのやりとりに普段とは違う一面が見られたり、保育者も父親の頼もしさや大きさを感じることができますね。

そんな姿を見ると、いつも出席できない父親のことはとても気になりますね。ですが、家庭の事情で父親が参加できない場合は配慮が必要です。父親として家族を支えるために仕事をしているのですから、無理をして参加することのないように心がけましょう。

また、運動会や餅つき大会などで力仕事をお願いしたくても、腰痛などの持病があってできない方もいらっしゃいます。特に母子家庭の場合は、「お父さんの絵」などの活動の時にはどのように対処するか、園長や主任と相談しながら、活動の前に家庭と連絡をとるほうがよいと思います。

父親も母親も、子育てをしながら親としても成長していきます。保育参観や運動会、発表会などでの親子のふれあいは、子どもの成長を確かめる機会となります。参加できない方にも当日の様子などを知らせ、共感できるようにしていきましょう。

〈山内 一弘〉

Q 22

行事にまったく協力してくれない保護者には？

「仕事や子育てで疲れているのに、夏祭りに協力するなんて無理」と保護者に冷たく言われてしまいました。行事は見には来るのですが、協力はまったくしてくれません。かかわってもらえるような対応策があれば教えてください。

A 22

手伝う利点をアピールしましょう

こういった自分の都合を前面に主張される方もいますね。行事は当日だけ参加するもの、企画や準備運営は大変！　という考えの方も少なくありません。

そんな保護者には、手伝うことでの利点（子どもの様子が近くで見られる、子どもとの共通の会話ができる、ほかの保護者の方と仲良くなれる）などをさりげなくアピールしてみましょう。また、両親でローテーションを組んでもらい、打ち合わせにはどちらかに出席してもらって当日も都合のつく方が手伝うなど、アイデアを提案してみませんか。

また、このような保護者が増えている昨今ですから、年度当初に年間行事を提示し、どれかにエントリーすることを了解してもらい、誰もがどれかに参加することで不公平感をなくしていく方法もあります。

園の行事は子どもの成長を促すためのもので、大人の役割はどのようなものがあるかなどを手紙で知らせていくのも一つの方法です。保育者のしていることや意図、子どものがんばっている様子を伝えていくことで、親心をつかむこともできるでしょう。

また、園側が今までの考えを一転して、親子で楽しめる行事内容に変える、準備に時間や手間をかけずに愛情をかけるにはどうしたらいいかを保護者と考えるなど、行事のあり方や方法を、再度保育者間で、また保護者と話し合ってみてはいかがでしょうか。

行事で子どもになにが育つか、保護者はなにを求めているのか、保育で大切にしたいことはなにかを考え、実態と重ねてみると、解決の道筋が見えてくるでしょう。

〈関　章信〉

Q 23

子どものことを気にかけない保護者には？

仕事がかなり忙しいSくんの母親は、自分のことで手いっぱいで、子どもにまで気持ちが回らないようです。大変だとは思いますが、もう少し子どものことも気にかけてほしいです。どう対応したらよいでしょうか。

A 23

その日のエピソードといっしょに問題を伝えていきましょう

きっと、この子は園でいろいろな問題行動があるのでしょうね。保護者も本当はとても気になっていて、家でも子どもが問題を起こして、どうしてよいか悩んでいるのかもしれません。でも、仕事に手抜きは許されないし、園でとりあえずは面倒を見てくれるので、小学校に上がるまではおまかせしておこうということかもしれません。

園としては、子育てに先送りはなく、今起きている一つひとつのことに親として対応することの大切さを伝える必要があります。そのためには、口頭で、その日その子のよかったことをエピソードにして伝えながら、問題や課題を伝えるようにしましょう。

また、行事の日程はできるだけ早く知らせて、必ず参加してもらい、集団のなかのわが子を見てもらうようにしましょう。みんなのなかのわが子を知ることで、親がしなければならないことに気づいてくれることでしょう。

〈徳永 満理〉

第3章
過保護タイプ

Q 24

保育室で子どもにつきっきりの母親には？

入園してからも、保育室で子どもにつきっきりの母親がいます。もう2週間ほどたつので、そろそろ大丈夫だと言っても、「私がそばにいないと…」と言って、やっぱりしばらく保育室から出てくれません。どうしたらよいでしょうか。

A 24

子どもなりにがんばっている姿を見てもらいましょう

なかなか子離れができない母親が増えてきているようですね。自分がいないとなにもできない、心配で仕方がない。そんな母親に対して、ただ「大丈夫なのでお帰りください」と言っても、スムーズにはいかないでしょう。

実際にその子が自分で朝のしたくをし、遊んでいる様子を、少し離れた所から見てもらうところから始めてはどうでしょう。ゆっくりでも上手ではなくても、がんばっている姿を見ていただき、その子のがんばりや成長を、具体的に思いっきりほめてあげましょう。次に、子どもをほめるだけでなく、その成長をサポートしてきた母親もほめてあげましょう。そして、今までのサポートから一段階ステップアップした母親の次の役割（子どもを信じて、少し離れて見守る）を、示唆してあげてはどうでしょう。

そんな保育者の声に耳を傾けてもらうためには、なんと言っても、その子に「○○先生、大好き！」と思ってもらえることが大切です。それがいずれ、親子ともに「○○先生がいれば大丈夫！」となり、ほどよい親離れ、子離れの手助けとなるはずです。

もし、それでも離れない母親がいたら、「ほかの子どもたちが自分のお母さんがいないことを寂しく思ってしまうといけないので」と、ほかの子への配慮を理由の一つにあげて、お帰りいただくようお願いするとよいと思います。

〈佐久間 浩子〉

Q 25

「子どもがいじめられている」と訴える保護者には？

友達と楽しく遊んでいて、問題はないように見えるのに、「うちの子はいじめられている」と訴えてくる保護者がいます。誤解だと説明したいのですが、どう話したらわかってもらえるでしょうか。

A 25

心配点をよく聞いて、対応について具体的に話しましょう

入園することで、今までいっしょだった母子が、初めて母子分離をします。子どもだけでなく、きっとお母さんも不安でいっぱいだと思います。お母さんのほうは、様子が見えないぶん、より心配で敏感になっているのかもしれません。お母さんが安心すると、子どももより楽しく安心して園生活を送ることができます。まず、お母さんの不安を解消していきましょう。

友達と楽しく遊んでいて、問題はないように見えていても、子どもには、ちょっとしたことがいやだったり、悲しかったりすることがあると思います。もしかしたら、使いたいおもちゃが使えなかったり、したい遊びができなかったりするということもあるかもしれません。このような話を家庭でしていたりすると、お母さんも心配になってしまいます。ですから、お母さんの心配な点をよく聞き、心配な気持ちを受け止め、寄り添っていきましょう。

「いじめられている」とおっしゃっていますから、具体的な心配点を聞いて、保育者からもそれに対する具体的な対応について話をしてみてはどうでしょうか。そして、お迎えの時や電話などで、その日の様子を話したり、降園後の様子を聞いたりして、コミュニケーションを図りましょう。ただ「大丈夫です」「楽しそうでした」と話すよりも、具体的に、この時はこのような様子でした、などとわかりやすく伝えていくと、誤解も解けていくと思います。

大人も子どもも自分の気持ちを理解してもらえると、それだけで安心できると思います。焦らずコミュニケーションをとりながら、誤解を解いていきましょう。

〈亀ケ谷 忠宏〉

Q 26 なんでもやってあげてしまう保護者には？

2歳児クラスを担当しているのですが、着脱や食事の際の世話などを、家ではなんでもやってあげてしまう保護者がいます。子どもが自分でしようとする気持ちが育たないと思うのですが、どうしたらよいでしょうか。

A 26

子どもが自分で取り組むことに喜びが感じられるよう見守りましょう

2歳児のころは、一つひとつ自分でできるようになる喜びを味わっていく時期です。それは子どもが母親から自立していく過程です。

この質問のような場合、母親自身が自立できず、子どもの世話をすることに自分の価値を感じていることも多いようです。でも、そんな母親の気持ちを否定してはいけません。母親の気持ちに寄り添いつつ、保育者として園生活のなかでどう支援できるかを考えてみましょう。

まずは子どもが自分で取り組んでできることに、喜びが感じられるよう見守ってください。すぐにはできなくても、焦らず、具体的な場面をイメージして長い目で支えていくことが必要です。子どもが生き生きと取り組む姿から、母親自身が子どもの成長に気づいていけるように、かかわっていきましょう。

子どもの成長が具体的に見えてくることで、保育者と保護者との共感が生まれ、信頼関係がはぐくまれていくことでしょう。わが子の取り組みをあたたかく見守ってくれる保育者の姿を、母親は「いいなあ」と感じながら、保育者をモデルにしていきます。

そんな日常が送れていたら、母親自身に、なにか困っていること、悩んでいることなどがあった時、母親の方から話したくなることでしょう。そうすれば、ゆっくり話を聞いてあげることもできます。母親自身の気持ちが、どっしりと安定することが第一です。母親の変化を、保育者がじっくり待つことで、母親にも子どものすることを「待つ」余裕が出てくることでしょう。

〈野上 秀子〉

Q 27

子どもにお手伝いをさせたがらない保護者には？

子どもにお手伝いをさせない保護者がいます。子どもにやらせても二度手間になるのでかえってめんどうだと言うのです。お手伝いの意義や子どもに向いているお手伝いなどを教えたいのですが、どんなふうに説明したらよいでしょうか。

A 27

失敗は成功のもと！ 励ましてあげるよう伝えましょう

赤ちゃんは、自分の身の回りの物を手でつかみ取り、口に持っていっていじくりまわしたり、なめたりして、物を認知していきます。歩けるようになると、自分の行きたいところに行って、見つけた物とかかわってその操作を覚えていきます。例えば、水道の栓をひねって水を出して遊ぶという具合です。

2歳を過ぎると、なんでも「自分で！」と、自己主張しながらできることが増えてきます。そのころになると、周りの大人や年上の子どものしていることをまねして、やってみたくなるのです。

お手伝いは、そんな子どもにとっての探索活動の一つです。しかし、物の操作が未熟なために、大人にとっては、かえって手がかかってしまうことも多々あるでしょう。そこが、我慢のしどころです。年長さんになって、本当のお手伝いをしてもらいたいと思えば、失敗は成功のもと！と割り切って、励ましてあげてほしいですね。

まずは、食事のしたくの時に、その年齢に応じてできることを手伝ってもらうといいでしょう。2～3歳児は、豆の皮をむいたり、サラダに使う野菜をちぎったりできると思います。4～5歳児になったら、ピーラーでニンジンの皮をむいたり、ギョウザの皮を包んだりすることもできるでしょう。お花の水やりなどを習慣づけるのもいいですね。母親といっしょだと、楽しくできると思います。ぜひ紹介してあげてください。

〈徳永 満理〉

Q 28

おもちゃを買い与えすぎる保護者には？

子どもがおもちゃを欲しがると、すぐに買ってしまう保護者がいます。かなり高価な物でも、泣かれるといやだからとか、友達が持っている物だからと、次から次へと買っています。我慢することも覚えてほしいと思うのですが、どうしたらよいでしょうか。

アクマ園長の回答

そのお子さんには、園で欲しい備品リストを見せるようにします。
特に高額なものから見せるようにし、「これ楽しそうだね」と全職員が総出でなん回も言うようにします。欲しい気持ちが高まったところで保護者に連絡し、業者さんを交えて契約を取り交わしましょう。園便りにはお礼の言葉を忘れないのが、アクマ園の礼儀です。

A 28

我慢を教えていく必要性を知らせるようにしましょう

幼児期のおもちゃのおねだりは、ある意味でほほえましいところがありますが、泣いたから買ってあげるということが問題だということを、知らせるようにしましょう。

現代の日本の子どもたちは、物質的に豊かになり、欲しい物は大体の物が手に入ります。それはそれで幸せなことではありますが、手に入れる方法が泣くという方法ならば、これからもそのやり方を押し通すようになることを忘れてはなりません。おもちゃの要求は、より高額な物に移っていくようになります。現に高校生くらいになって、オートバイや車をおもちゃと同じ感覚で要求するようになる子もいます。

欲しい物を買ってもらえる喜びと同時に、我慢をすることも教えていかないと、結果的に本人が不幸になることもあるということを、保護者にしっかりわかってもらう必要があります。

〈小林 研介〉

Q 29

子どもの身体的な特徴を必要以上に気にする保護者には？

「うちの子は背が低いので、高い子の隣で写真に写るのはいや」「発表会では前の子に隠れて顔がよく見えない」などと、子どもの背が低いことをとても気にする保護者がいます。どのように対応していったらいいでしょうか。

A 29

今輝いている子どものすばらしさに気づいてもらいましょう！

自分の子どもの外見を気にする保護者が増えているように思います。かっこいい、かわいい、背が高いなど、その子のもつ特徴のほんの一部で、その子全体の評価をする親の話を聞く機会が多々あります。しかし、そのような保護者にさらに話を聞くと、親自身がどこか自信がない、または、その子の内面を受け止めていないという場合もあるようです。

成長とともにその特徴が変化するにせよ、しないにせよ、目の前の姿を受け止め、子どものそのままの姿を愛してほしいですね。それがその子の心を強く、大きく育てます。

あまり親が心配しすぎると、子どももそのことが気になり、自分に自信をなくしてしまうこともあります。自信のない子は、写真撮影の時に、みんなから見られる一番前に立っても、その子らしさを発揮することができにくくなるでしょう。

反対に、大きくても小さくても、自分に自信をもち今の自分自身に安定感を抱くと、人生を楽しむ子になっていきます。子どもの成長で一番大切なのは心の成長です。大きな心を育てていきましょう。そしてそのことを伝えましょう。

そのためには、集団での生活を見ている保育者が、その子のよいところ、がんばっている姿、輝いている部分をたくさん見つけ、それらをどんどん保護者に伝えていきましょう。「鉄棒をがんばっていましたよ」「小さいクラスのお友達に優しい気持ちで接していましたよ」など、具体的な場面で、その子のよさがにじみ出るエピソードなどを伝えるなかで、心の成長の大切さに気づいていただくことも大切です。身体的なことだけではなく、精神面、心の成長など、トータルでその子のよさを見つけてもらいたいものです。

保育者がその子のよさに気づいていることが伝わると、保護者も安心します。その子どものありのままの姿を受け入れるきっかけをつくってあげましょう。

〈福田 光葉〉

Q 30

子どもの発育をほかの子とくらべる保護者には？

「同じ月齢のHちゃんはつかまり立ちができるようになったのに、うちの子はまだ全然できない」などと、自分の子どもの発育を、いつもほかの子とくらべる保護者がいます。どう対応したらよいでしょうか。

A 30

子どもの発育に見通しがもてるように伝えていきましょう

親であれば誰でも、「わが子はしっかり発育しているのだろうか?」という心配をすることでしょう。心配なのでつい周りにいる子の発育と見くらべてしまうと思います。子どもの発育には個人差があり、育つ家庭環境も異なるので、違っていて当然です。

子どもの育つみちすじをわかりやすく伝え、「次は○○な状態に育っていく」と、保護者に見通しをもってもらうようにします。そうすることで、ほかの子と見くらべなくても、今のわが子の姿に安心できると思います。

そして、発育していくための手立てを具体的に示し、わが子の力を信じて愛情をもって、ともに子育てしていけるようにしましょう。また、わが子の姿を見てどこに不安を感じ、子育てにどんな悩みがあるのかなど、率直に話し合える関係づくりも大切にしていきましょう。

ほかの子と見くらべてばかりいると、どうしても「できる、できない」という見方になりがちです。できないと、子どもにがんばらせることばかりになってしまいます。そうではなく、がんばっている過程を「すごいね」とほめてあげることが、子どもの次への自信につながっていきます。「子どもへの応援を、家庭と園とでいっしょにやっていきましょう!」と伝えましょう。

それから最近ちょっと気になる子のなかに、多動性障がい(ADHD)や広汎性発達障がいなどが認められる場合があります。そのような場合は、専門機関と連携をしながら子どもの発育を見守っていきましょう。

〈市枝 恵子〉

Q 31

お泊まり保育を過剰に心配する保護者には？

「うちの子は自宅以外で泊まったことがないから」と、初めてのお泊まり保育について、細かなことまで一つひとつ心配する保護者がいます。どうしたら安心してもらえるでしょうか。

A 31

活動内容や安全面について事前にしっかり説明しましょう

大丈夫とわかっていても、いつも子どものことを心配するのが親心です。泣いていないかしら、おねしょしないかしら、かぜをひかないかしら、ごはんは食べているかしら、転んでいないかしら、なにか我慢していないかしら、やっぱりそばにいないと心配でしょうがないわ……。

不安に押しつぶされそうな母親も、お泊まり保育が終わって元気にたくましく戻ってきたわが子を見れば、参加させてよかったと思い、子どもに一人でも立派にやっていける力が備わっていることが理解できるでしょう。けれどその間の我慢は、親にとって、とても大変なことです。さっぱりしているように見える母親でも、心の中の心配な気持ちを表さないだけかもしれません。

お泊まり保育の実施にあたっては、実施要項や説明会などで十分に活動内容をお知らせします。緊急時の連絡方法、急な病気やけがの場合の対処法、薬を持参するときの管理など、安全面、健康面について念入りな説明が必要です。細かいことを聞いてくる母親の意見は、逆に、改善できる点があるかチェックできると受け止めるといいと思います。

極端に不安が強い場合は、一度園長か主任に報告し、相談しましょう。

〈山内 一弘〉

第4章
自己中心タイプ

Q 32

遊びで服が汚れると文句を言う保護者には?

子どもが遊びに夢中になって、服がぬれたり泥がついたりすると、いやな顔をする母親がいます。文句を言われることもあります。少々服が汚れても、思う存分遊ばせたいと思うのですが、どのように説明したらよいでしょうか。

A32

泥んこ遊びや水遊びで、なにが育っていくのかを伝えましょう

洗濯をするのが大変なのでしょうね。でも、泥んこ遊びや水遊びが、子どもの発達にとってどんなに大切かということを、具体的な例を示して母親に話をすることも大切です。

子どもが泥んこ遊びや水遊びで生き生きと遊ぶ姿などを、伝えていきましょう。そして、その遊びをすることで、なにが育っていくのかをわかってもらうといいですね。

では、なにが育っていくのでしょうか。

一つは、泥や水は「○○を作ろう」と目的をもって働きかけなくても、ただ触っているだけ、こねているだけで、子どもたちの感覚そのものに働きかけ、子どもたちを夢中にさせ、快感をもたらします。こうした経験が子どもたちの豊かな感性と感覚を育てることにつながります。

二つ目は、自分の頭のなかでイメージしたものを、自分の手や指を使って作り出すことができます。そしてその喜びを味わえるのです。

そんな遊びのなかで、考える力や手指の巧緻《ち》性が育っていき、子どもたちの活発な知的活動が引き出されていくのです。このように、泥んこ遊びの大切さを話して、理解してもらってください。

また、園で泥や水で遊ぶ時用の服を決めてもらって、その服で遊ぶようにすることも考えてみるといいでしょう。4～5歳になったら、洗濯という活動を取り入れて、自分で洗って干すなどのことをやらせてみてもいいかもしれません。

〈篠原 秀子〉

Q 33 持ち物に記名をしない保護者には？

自分の子どもの持ち物は自分でわかるからと、記名をしてくれない保護者がいます。記名してしまうと、使い終わった時に売れないからだそうです。保育者やほかの子にもわかるように記名してほしいのですが、どのように話したらよいでしょうか。

A 33

集団で保育をしていることをわかってもらいましょう

持ち物に記名がないと、慌ただしいなかで、「これは誰の物かな?」と子どもたちに聞いて回ることになり、時間と手間がかかります。持ち物探しが、一人の物だとまだよいのですが、複数になるとかなりの時間を費やすことになります。せっかくの楽しく遊ぶ時間も半減してしまいます。

記名してしまうと、使い終わった時に売れないという保護者の気持ちもわからないわけではありませんが、記名がないことの大変さを理解してもらいましょう。

園では、子どもたちを集団で保育しています。保育者は、一人ひとりの持ち物すべてが、誰のものであるかを覚えることはできません。持ち物に記名がないと、友達の持ち物のなかに紛れ込んだり、紛失したりすることも起こってきます。高額で購入したものが紛失すると、保護者とのトラブルの要因にもなってしまいます。

園で使う個人の持ち物には、はっきりと、わかりやすくて読みやすい字で名前を書いてもらうことを、最初から全員にお願いしておきましょう。また、洗濯の繰り返しで薄く消えかかったものがあれば、書き換えるなど確認をしてもらいましょう。

〈市枝 恵子〉

Q 34

園で持ち物に記名をしたら、賠償を要求してきた保護者には？

遠足の時に、持ち物に名前を書くように頼んでいたのに、水筒に名前が書いていない子がいました。園で記名をしたら、保護者に賠償を要求されました。高価な物だったので、いずれ売るつもりだったようです。どう対処したらよいでしょう。

A 34

許可なく記名することは禁物！記名をしていいか確認してからにしましょう

基本的に個人の持ち物ですので、その物が高価かどうかは別として、許可なく記入をすることは避けておくほうがよいと思います。事前の対応として、記名の徹底を細かく連絡することが第一であると思います。記名した物を持ってくるように、強調しておくのです。

事前に話をしたにもかかわらず、当日記名がない物を持ってきたことが判明した場合は、保護者に連絡をして、記名をしてよいか確認を取る必要があると思います。そうすることによって、単に忘れたのか、あるいは意図をもってそれを持たせたのかがわかりますので、そこで対応を考えることができます。

名前の記入を望まないのであれば、シールに名前を書いて一時的にはっておくとか、あるいは保育者が十分に気をつけて見ておくようにする、あるいはその子どもに特に言葉かけをして注意を促す、などのことが対策として考えられます。

保育用具などと違い、園外で使用することが予想される物の取り扱いには、十分に気をつける必要がありますね。今回のように、すでに記名をしてしまった場合は、責任者と相談して、新しい物を渡すことも考慮する必要があると思います。

〈松村 正幸〉

Q 35

着替えがなくなった時、ブランド品だから絶対探してくれと気色ばむ保護者には？

クラスの子の着替えがなくなり、保護者から「ブランド品だから絶対探してほしい」と言われました。懸命に探したのですが、見つかりません。なくなったではすまされない雰囲気です。どのように話をすればよいでしょうか。

A 35

集団で子どもを見ている保育現場の事情をていねいに伝えて謝りましょう

まず、名前が見えやすいところに、はっきりくっきりと書いてあったかどうかを確かめましょう。ブランド品のような、高価で見栄えのする衣類には、名前を書いていたとしても、裏側のタグなどに小さく書いてあることがよくあります。また、書いてあっても消えかかっている場合もあります。もしそうならば、家庭と違って園は集団で子どもを見ていることを伝えましょう。

乳児であれば、ミルクや食事の後、汗が出た時など、着替えることが頻繁に起こります。しかも、それが、一人ではなく十数人分あるのが常です。当然のことですが、自分ではできない乳児に代わって、保育者がすべてやらなければなりません。一人ひとりの汚れ物入れにそれらの衣類を振り分ける作業の煩雑さを伝え、名前の明記をお願いしましょう。

名前が書いてあった場合にも、保育の現場の事情をていねいに伝えて謝り、今後十分に気をつけることを約束して、理解してもらうようにしましょう。

幼児の場合は、日ごろから、自立に向けての保育の課題として、衣服の整理整頓に取り組んでおきましょう。保護者にも、子ども自身が整理していることを伝えておくことが大切です。そうすれば、なくなった場合、家庭と園とで分かち合う関係が成立するでしょう。

〈徳永 満理〉

Q 36

午睡をなくしてほしいと言う保護者には？

お昼寝
なくして
ください！
夜、寝ないのは
園のせい！

夜、子どもがなかなか寝てくれないのは、園で午睡をしているからだと言いはり、午睡をなくしてほしいと言ってくる保護者がいます。午睡の意義や園での生活をわかってほしいのですが、どう話したらよいでしょうか。

A 36

園での生活を見直しつつ、集団生活の事情を理解してもらいましょう

まずは、家庭での子どもの様子を聞いてみましょう。

毎日、早く寝かせようとしているのになかなか寝てくれず、困っているのかもしれません。朝なかなか起きてくれず、大変なので、早く寝かせたいと思っているのかもしれません。家庭での睡眠時間が短くなり、園でたっぷり寝すぎて、夜また寝ないといった悪循環に陥っているのかもしれません。そのうえで、ほんとうに困っているとしたら、園での生活を見直す必要があります。

それは、夜の眠りのなかで、子どもの脳や体が育つからです。夜の眠りを保障するために、園で寝かせすぎていないか、園での活動に問題はないか、見直してみる必要があります。また、ほかのお子さんはどんな生活を送っているかを、見直してみることも大事です。

園は集団生活です。保育者の数も限られています。ぎりぎりのところで保育しているので、それぞれの子どもに合わせられないところもあります。そういった事情もわかっていただきましょう。そして、子どもたちがそれぞれ、24時間どのように生活していけばいいのか、保護者といっしょに問題点を出し合いながら、困っていることを考えていくことが大切なのではないでしょうか。

〈桃澤 智恵子〉

Q 37

休んだ日のおやつ代を返してほしいと言う保護者には?

おやつ代として、毎月定額料金を徴収しているのですが、子どもが休んだ日の分は、おやつ代を返してほしいと言ってくる保護者がいます。どのように説明したらいいのか、わからなくなってしまいました。

A 37

事前に文書で提示しておくようにしましょう

　おやつ代に限らず、月々の保育料、給食費、バス代などは欠席しても返金不可能であることを、募集要項や園生活の手引きなどに明記しておく必要があります。事前に文書として保護者に示しておくことで、今回のような申し出があっても、園のきまりとして返金できないと言うことができます。

　それでも無理を通そうとする保護者には、

①銀行引き落とし額の変更や保護者への請求書領収書作成、返金などは、一人ひとりの欠席に対応して、月々計算して事務手続きすることが困難であること。

②おやつの食材は、欠席する以前に購入がすんでいること。

③欠席によるおやつ代の返金を認めると、保育料、給食費、バス代などにも波及すること。

④小・中学校等でも、授業料、給食費は、欠席の有無にかかわらず返金の対象になっていないこと。

などを理解してもらうよう努めましょう。

　ただし、入院などの理由で数か月以上にわたって長期欠席をするときは、園則に従って休園措置をとるなどして、○月分のおやつ代を請求しないという対応も考えられます。

　いずれの場合も、担任の対応だけでは理解が得られない時には、園長や事務職員に早めに報告、相談し、代わって対応してもらうのがよいでしょう。

〈浜名 浩〉

Q 38

おしゃべり好きで、ずっと話しかけてくる保護者には？

あっTちゃんのママお帰りなさい
先生！昨日のTV見た？
いえ昨日は（誰かさんのせいで）持ち帰りの仕事がたくさんあって…
えーっ？信じられないっ
だって"星の子キラポン"がやっとママに会えたのよしかも実はパパが闇の帝王だったのっ
びっくりよー
はぁ…
それとピカポン洗剤がまたすごくて
洗剤？
やだそれはコマーシャルッ
早送りしたい…

おしゃべり好きな母親がいます。降園時に、ずっと話しかけられるので困っています。子どものことや家庭での悩みなどのことならともかく、テレビドラマの話題などを延々と話そうとします。どうしたらよいでしょうか。

アクマ園長の回答

オウムか九官鳥の飼育をおすすめします。その際、次のような手紙を出しておきます。

「園では言葉を話す鳥を育てようということになり、その飼育、教育係として、○○ちゃんのお母さんにお願いすることになりました。園長の独断での任命になりますことをお許しください」

A 38 今は話ができないことをはっきりと伝えましょう

こういう方には、今は話ができないということを、はっきりと伝えるようにします。少しだけならと付き合ったり、婉《えん》曲な言い回しで逃げたりしても、ほとんど効き目はありません。

お子さんのことについて話したいのなら、別の時間をとることを伝えましょう。そして、今は子どもたちと接することが大切な時間なので、お話できないということを、伝えるようにします。

また、比較的母親と同年代の保育者の場合、悪いことではないのですが共通の話題も多く、ついついプライベートのことなどを話したりする傾向も出てきます。

園内外で保育者としての立場を常に意識して接することが、プロとしてのわきまえであることを忘れないでください。

〈小林 研介〉

Q 39

保育者が報告するより先に、園での出来事を伝えてしまう保護者には？

保育中に、Wちゃんが転んでひざをすりむいてしまいました。たまたま園に来ていてそれを見たYくんの母親が、Wちゃんのお母さんに電話して、おおげさに話をしてしまいました。保育者としては最初に直接話をしたかったのですが、このような場合、どう対応したらよいでしょうか。

A 39

まず謝って、事実を具体的に伝えましょう

　どのお母さんも、わが子が自分の見えないところでひざをすりむいた、泣いていた、ということを知ったら、それは心配になるでしょう。先におおげさに話してしまったYくんのお母さんも、きっとわが子のように心配になったのかもしれませんね。もしかしたら、親切心でWちゃんのお母さんに話したのかもしれません。ただ担任としては、責任がありますから、誰よりも先にお話ししたいですよね。

　対応の仕方としては、Wちゃんのお母さんに「ご心配をおかけして申しわけありませんでした」と謝り、どんな場面で、どんなふうに転んでしまったのか、その時のWちゃんの様子はどうだったか、手当はどのようにしたか、その後の様子はどうだったかなど、安心していただけるよう、担任が把握している事実をありのままに、そして具体的にお話しすることが大切です。

　また、けがが起きた時の園の対応の仕方や、園で起こったことは担任が責任をもって伝えていくという旨を、手紙や保護者会などで伝えていくことも必要です。「誤解が生じることもあるので園におまかせください」「なにか不安に感じたり、心配なことがあったりする時は、お母様どうしで話すだけでなく、担任へご相談ください」と繰り返し伝えていくようにするのです。そうすることによって、お母さんどうしで話を終わらせてしまうのではなく、担任の先生に事実を聞いてみよう、と思っていただけるのではないでしょうか。

　そうしていくことによって、見たことをおおげさに話してしまうYくんのお母さんのような方も、「担任の先生が話してくれるわ」と思い、園にまかせてくれるようになると思います。

〈亀ケ谷　忠宏〉

Q 40

園バスを自分の家の前で停めるよう求める保護者には？

おはようございます
はぁ
はぁ
園
先生…どうせ通り道なんだしウチの前でバスをとめてくださいっ
それは…
園バス
だって家からここまで100mもあるんですよっ私の全力疾走で18秒！娘連れだと32秒もかかるんですっ
←100m→
確かに世界記録は9秒69ョでもどうがんばっても私にはムリだからっ
？
バスとめてっ

自分の家が園バスの通り道に面しているからと、園バスを自宅前でも停めてくれるよう要求してくる保護者がいます。ちょっと対応しきれないのですが、どうしたらよいでしょうか。

アクマ園長の回答

「○○園・園バス停留所設置のお願い」の文書を配布します。
・マイクロバスが停められる半径7メートルのロータリー
・5人がけのベンチと雨よけの屋根を基本の条件とすることを、図入りで載せます。
ちなみにベンチでは禁煙であることも忘れずに入れてください。

A 40

安全と送迎時間短縮への協力をお願いしましょう

バスの運行は、なんといっても安全が第一です。ですから乗り降りの場所も、安全を基準にして選ぶようにしています。このような保護者には、停留所を決める時は、安全な乗り降りができる所を選んでいるということを、まず伝えます。

次に優先させるのは、バスの送迎時間が過度に長くなることを避けることです。停留所が増えて、たびたび停車していると、そのぶん時間がかかってしまいます。長い時間の運行は、幼児にとって心身ともに好ましくありません。朝長い時間乗っているなら、園に着いてからの活動に影響しますし、帰りも疲労を増してしまいます。各家庭の少しずつの協力が、全体での運行の長時間化を防ぐことを理解してもらいましょう。

ただし、園児の弟妹がまだ乳児だったりなど、各家庭にはいろいろなケースがありますので、子育て支援の視点から、最大限の配慮をすることも園に求められます。

こうした場合はよく話を聞くように心がけ、柔軟な対応をすることが肝心です。

〈小林 研介〉

Q 41

クラスに障がいのある子がいるのを嫌がる保護者には？

クラスに障がいのあるTくんがいるのを、快く思っていない保護者がいます。保育者の注意が全部Tくんにいってしまうなどと、ほかの保護者にも言ってまわるので困っています。どう対応したらよいでしょうか。

A 41

子どもたち一人ひとりが育っていくきっかけになることを伝えましょう

　こうしたことは、家庭訪問や手紙などでも出てくることですね。障がい児に保育者の目がとられてしまうのでは、と訴えながらも、言い換えれば、自分の子をよく見てほしいという思いの表れですね。こうした保護者には、子どもの様子や保育に対する考え方を伝えながら、コミュニケーションをとっていくことが大切になります。

　障がいのある子がクラスにいる場合、担任一人で抱え込まず、主任やフリーの保育者の手を借りながら、園全体で共通理解し、かかわっていく必要があります。

　問題となる行動が起こった時、保育者がどうかかわっているか、周りの子どもたちの様子を含めて具体的に話してみましょう。障がい児がいることで、子どもたち一人ひとりが育ち、クラスにまとまりがでる様子も、保護者の心に届くはずです。

　わが子からの話を通して、保護者が理解をしてくれることが理想的ですが、それには、障がい児を受け入れる保育者の日ごろの姿勢が大切ですね。保育者の姿勢をモデルにして、かかわり方が自然と身についていくものですから。

　多動である、パニックになる、手がでるなど、大きな行動が見られる時は、障がいをもつ子の保護者と相談して、クラスの子や保護者に理解を得られるような話をしてみるのもいいですね。

　参観日や懇談会などの際に、障がい児への理解や、障がい児がいることでのクラスの育ちなどについて、園長や主任に話してもらう機会をもつことも効果的です。障がい児やその保護者を、園全体であたたかく受け入れる態勢づくりを心がけていきましょう。

〈関 章信〉

Q 42 子どもの登園拒否を理由に転園したいと言う保護者には？

3歳のRちゃんの母親に、「Rが毎日園に行くのを嫌がるので、転園したい」と言われました。園でもう少し様子を見たいと思っているのですが、どのように説得すればよいでしょうか。

A 42

なぜ登園拒否を起こしているか原因を探ることが大切です

保護者に園に留まってもらうことを説得する前に、Rちゃんがなぜ登園拒否を起こしているか、原因を探ることが大切です。登園拒否が始まったころにさかのぼり、その間の出来事を思い出してみましょう。

思い出せない場合は、連絡帳や記録簿を読み返してみましょう。同時に、園長や主任、調理師など園のすべての職員にも思い出してもらいましょう。夏祭りや運動会などの園行事、水遊びや散歩など日々の遊びのなかでの友達との関係、衣類の着脱や午睡など基本的生活習慣のこと、また、登降園時に見える保護者との関係、保育者自身との関係など、エピソードを交えて思い出してみましょう。例えば、トイレに行くのを嫌がっていたり、食事を食べ終わるのが遅くて、みんなといっしょの行動がとれないでいたりしていたかもしれません。どこかに原因が隠れていて、心当たりが見つかる場合がよくあります。

わが園でも以前、母親の育児休業中に、毎日園に登園するのを拒否する子がいました。赤ちゃんが産まれたので、退行現象を起こして母親に甘えたいのではないかと判断しました。母親にその事情を話し、たまには園をお休みすることを勧めて、それを実行してもらいました。母親といっしょに過ごす時間が増えたことで、子どもの気持ちも安定したようで、それからは喜んで登園するようになりました。

子どものことを中心に話し合うと、たいていの場合、保護者は納得して園を信頼してくれるようになります。子どもの気持ちをわかってあげることが大切ですね。

〈徳永 満理〉

Q 43

家庭での誕生会で、子どもの友達関係に影響を及ぼす保護者には？

お誕生会に
きてね！
いく
いく～
しょぼん…

家庭での誕生会に招いたり招かれたりすることが多いようですが、招待されなかった子が寂しい思いをしたり、友達と気まずくなったりすることが起こっています。どう対処したらよいでしょうか。

A 43

気持ちを認めたうえで、子どもどうしのトラブルとして伝えましょう

できれば、気まずくなった友達関係を、保育者の仲介によって修復させることで、解決していきたい問題です。

誕生会をやることを自慢げに話す子がいる、呼ぶ子・呼ばない子で区別をしてしまう、呼ばれない子が仲間はずれのようになり、寂しい思いをする、問題は、こんなところから始まることが多いのではないでしょうか。

誕生会をする子には、誕生日のうれしい気持ちを受け止めながらも、一つお兄さん（お姉さん）になるのだから、友達の気持ちももっと考えられるようになろうと声をかけましょう。呼ばれなかった子には、お互いのおうちの事情で行けないこともあるけど、いつでも遊べるのだから寂しがることはない、などと伝え、心の成長を促しましょう。

保護者には、子どもどうしのトラブルの報告として伝えてみてはいかがでしょう。呼ぶ側の保護者は、わが子のためと一生懸命に企画したのでしょうから、「○○ちゃんもお友達も大喜びでしたね」と気持ちをよく認めたうえで、ありのままのトラブルを話すのです。呼ばれなかった子の気持ちも、きっとわかっていただけるでしょう。ただ、「それでは次回は内緒で」とコソコソすることのないように、あくまでオープンであることを目指しましょう。

毎年見られる傾向なら、春先の懇談会などで「誕生日をどう祝っているか」を話題として取り上げることも一案です。そのなかで、誕生会に呼ばれる・呼ばれないによる、子どもたちの複雑な心を伝えていくことができると、それなりの配慮を促すことができるかもしれません。

〈佐久間 浩子〉

Q 44 子どもの個人情報を公開したがらない保護者には?

子どもの誕生日や電話番号などの個人情報を、公開したがらない保護者がいます。連絡網やクラスの誕生表にも載せられないので、誕生日だけでもと思うのですが、がんとして受け入れてくれません。どうしたらよいでしょうか。

A 44

無理はしないで理解が得られるよう説明しましょう

インターネットの普及で、以前とはくらべものにならないくらい情報伝達のスピードが早くなりました。情報や画像をコピーしたり、送信したりすることも、簡単に行えてしまいます。

また世の中の価値観が多様化し、常識の範囲も人によってさまざまです。ブログなどに育児日記や家族の写真を公開する方もいれば、相談の方のように個人情報保護に対して警戒心が強い方もいます。

幼稚園、保育園では、家庭環境や生育歴、本人の性格や発達などの個人情報を扱うことが多くなります。個人情報の扱いに関しては十分に注意して、紛失や漏えいがないよう、慎重に行う配慮が必要です。

学校や園では、電話連絡網を作成し配布することは差し支えないことになっています。しかし、個人情報公開には保護者の同意が必要です。名簿を利用しての「オレオレ詐欺」にあうなど、思わぬ被害を受ける事例もあります。公開する必要性と危険性とをくらべてどちらを選択するかは、保護者の判断も考慮に入れる必要があると思います。

この相談の保護者には、クラスの誕生表に自分だけ書かれていなくて子どもが寂しい思いをすることや、緊急時に連絡がとりにくくなってしまうことなど、園の教育活動上の不利益を十分に説明しましょう。それでも理解が得られないようでしたら、無理はしないほうがいいと思います。

個人情報の扱いについて保護者の方への説明は、園長や主任にも相談してみましょう。

〈山内　一弘〉

Q
45

自分の都合で行事の日程を変更してほしいと言う保護者には?

どうしても、行事に参加したいんです!
行事日程を変えて!
どうしてもどうしても

「仕事が入っているから、行事の日程を変更してほしい」と言ってきた保護者がいます。行事に参加したいという積極的な思いからとも思うのですが、すべての保護者の都合に合わせることはできません。どう説明したらよいでしょうか。

A45

欠席しても対応できる準備をしておきましょう

遠足や運動会の日程を変更しろ、と言う人はあまりいませんが、誕生会や保育参観、クラス懇談会などになると、自分の都合を言ってくる人がいます。

毎月行う「保護者参加型の誕生会」などは、次の月に参加してもらえばすむことだと思います。保育参観は、期間を設けて「自由参観」にするのも一つの解決策です。毎月行うわけではない懇談会などは、不参加もやむを得ないと思います。

自分の都合に合わない時、「仕事の都合で参加できません。申しわけありません」と言えばすむことを、最近の保護者は「自分の都合に合わせてほしい」と言ってしまうところに、問題が発生します。

もちろん園の日程にも、園の都合があります。そのことをしっかりと説明すると、ある程度の理解は得られると思います。同時に、園としても、すべての保護者の都合がいいはずもありませんから、欠席しても対応できる準備をしておく必要があります。「全員絶対参加」を強制できる時代ではありません。

大きな行事では無理ですが、小さな行事なら、日程に幅をもたせたり、欠席にもある程度対応ができる体制をつくったりしておいてはどうでしょう。そうした積み重ねが、保護者の安心感にもつながっていくと思います。

〈友松 浩志〉

Q 46

運動会の場所取りに過熱する保護者には?

運動会の保護者用席は、当日の朝8時の開門後に場所を取ってもらうことになっています。ところが、前日の夜のうちに場所取りしてしまう保護者がなん人かいます。どう対処したらよいでしょうか。

A
46

毅然とした態度で呼びかけ徹底していきましょう

第一に望まれるのは、園の毅然とした態度です。このような自己中心的な言い分でルールを守らない保護者を許すような姿勢を示すべきではありません。

「場所取りは朝8時の開門後からです」と運動会のお知らせのプリントに書くのと同時に、「8時以前に敷いてあるシートに関しては撤去します」と明示し、実行することをおすすめします。これに関しては、必ず目を通す運動会のプログラムや「運動会の場所取りについて」とそのことだけを伝える印刷物を配布し、なん度か呼びかける必要があります。初年度には徹底できなくても、数年経つうちに浸透していきます。

また、前もって子どもにくじを引かせて、場所を決めておくという方法もあります。3～4人座れるくらいのマス目を書いて番号を振り、子どもの引いた番号と場所を示したプリントを持ち帰らせます。マス目は直接グランドに白線を引いてもよいし、園側でブルーシートを用意し、ペンキなどで区分けして番号を書いておくのもよいでしょう。

とは言っても、一番前でわが子を見たいというのは親の常。そうした保護者の気持ちを尊重し、かなえていくことも大切です。

例えば、グラウンドの周りにブルーシートを敷いて、事前に保護者席を設けておきます。保護者は好きな場所に座ることができますが、自分の子どもの演技や競技が終了したら、次のプログラムの保護者に前方の場所を譲るようにします。園児の入退場や準備の間に、速やかに交代してもらうよう呼びかけるとよいでしょう。

どの方法をとるかは、園の規模や実情を考慮して行ってください。

〈浜名 浩〉

Q 47

運動会でビデオ撮りに夢中になる保護者には？

運動会では、ビデオ撮影のための場所を指定しています。しかしなかには、撮影に夢中になって指定場所からはみ出したり、子どもの出番がまだでも場所取りしたままで席を譲らなかったりする保護者がいます。どうしたらよいでしょうか。

A 47

みんなの運動会だからある程度のルールを決めておきましょう

わが子を目の中に入れても痛くないのが親心です。ましてかわいい園時代は、なにをしても特別にかわいいはずです。そんな親の気持ちを理解しながらも、みんなが気持ちよく過ごせるように、そしてあたたかい雰囲気の行事にしていくために、ある程度のルールを決めていくことが必要でしょう。

教育的にも、当日子どもたちの目の前で、トラブルが起こらないようにしなければなりません。そのためには、時間をかけて繰り返しながら周知させていくことが必要です。

①撮影してもよい場所を決めておき、その代わり自分の子どもの時にだけ使うなど、入れ替えについてのルールを決めておく。そのことは、事前にしっかりとお知らせしておく。

②年度当初から、手紙や保護者会などで繰り返し伝える。

③父母の会のお知らせなどを出しているとしたら、父母どうしのレベルで注意を呼びかけてもらう。

④必ず全員に名札をつけて参加してもらう。学年によって名札の色を変えると意識が違ってくる。

⑤行事終了後に、手紙などで行事を振り返り、マナーのよかったことをほめて、協力に感謝しておくと、マナーのよさが定着していくことにつながっていく。

これらの取り組みをしてみることをおすすめします。少しずつですが理解していただけると思います。

〈亀ケ谷 忠宏〉

Q 48

運動会の時、保護者席から子どもが見えないと言う保護者には？

運動会の時には、保護者用の席を用意しています。ですが、その保護者席からは子どもの演技がよく見えないと苦情を言われてしまいました。どう対処したらよいでしょう。

A 48

保護者どうしで譲り合える関係をつくれるように働きかけましょう

親にとっては、わが子の晴れ姿をしっかり見ておきたいという気持ちは大きいですね。保護者席の作り方には、いろいろな方法があると思います。しかし、どのようにしてもなかなかうまくいかず、いずれも一長一短があり、これが一番という席の作り方は難しいのが実状です。

そこで、発想を逆転させて、どこにいる親にも見えるように、子どもたちが動くのはどうでしょう。例えば、リズム表現であれば1番と2番を移動して演技する、入場から退場までの間に円周のどこかで活動が見えるようにする、などの方法です。

それから、プログラムに「この競技では○○クラスはここで活動しますよ」と事前に図式で知らせておく方法もあります。ここからなら比較的子どもの活動が見えますよと、前もって知らせておくのです。

ただし、これらの方法はいずれも100％ではありません。一番の方法は、「○○さんのクラス、次ですよね。前へどうぞ」などと、保護者どうしが親しい間柄になって、譲り合える関係がつくれるようになってくださることではないでしょうか。そして、園としては、自分の子どもだけではなく園全体の子どもの成長を喜んでもらえる活動にすることが、ほんとうの意味での運動会の姿でしょう。

ビデオやカメラもできるだけ控え、肉眼で見て両手でしっかりと応援をしてくださるようお願いしましょう。記録より記憶の運動会にしたいものです。

〈木藤 尚子〉

Q 49 運動会や発表会で、結果ばかりにこだわる保護者には？

運動会や発表会で、出来栄えばかりを気にする保護者がなん人かいます。結果よりも、一生懸命に取り組んでいる子どもの姿を見てほしいと思っているのですが、なかなかうまく伝えられません。どうしたらよいでしょうか。

A 49

行事の目的を知らせ、一生懸命取り組んでいる姿を伝えましょう

「出来栄えばかり……」と言ってしまえばそれまでですが、「出来栄え」とは、なにを指して言う言葉でしょうか。行事などに取り組んでいる子どもたちの姿が見えないと、保護者は結果のみに目がいくことになります。なんのために行事を実施するのか、今の子どもたちの発達上からも必要な取り組みであることなど、その目的をきちんと伝えましょう。そのうえで、子どもたちの取り組みの過程や気持ちの育ちが具体的にわかるように、クラス便りや園便りで伝えていくことが必要です。

また、子どもたちが自ら楽しんで意欲的に取り組める活動にすることも、大事な要素です。子どもたち自身が、考えたり、選択したり、判断したりするなかで、当然話し合いも生まれ、共感したり、反発したり、修正したりして、壁にぶつかりながら、よりよいものを生み出すエネルギーが生まれます。そんな一つひとつの場面を、そのまま言葉で伝えていきましょう。子どもが生き生きとがんばる姿、友達と協力して成功させようとする意欲、こんなにがんばれる自分を両親に見てもらおうとする自信と誇り、そして発表という目標があるからこそ、充実した過程があるのです。

保育者も子どもも、そのなかで友達とともにつくり上げていく喜びを感じながら、日々一生懸命取り組んでいます。その姿を伝えることができれば、保護者にも共感してもらえるのではないでしょうか。そしておのずと結果もついてくることでしょう。発表の姿は、やはり日々の積み重ねです。

そのうえで、まだ結果にこだわるようなことがあっても、その気持ちを認めつつ、粘り強く保護者との話を進めていきましょう。

〈野上 秀子〉

Q 50

発表会で、自分の子ども以外に興味を示さない保護者には？

発表会で、自分の子どもの出番以外は、見ていて飽きてしまうらしく、全然興味を示さない保護者がいます。あからさまにつまらなそうにしたり、ほかの保護者と話をしたりしています。どのように対応したらよいでしょうか。

A 50

子育ての見通しをもってもらう好機ととらえ思いを伝えていきましょう

発表会までの普段の取り組みが大切なのではないでしょうか。

子どもは、園に来れば、多かれ少なかれ集団での保育になります。毎日子どもどうしでいろいろな刺激を受け合いながら生活しています。「○○ちゃんがこうしたら、△△ちゃんがこんなことをしました」など、その様子を具体的にしっかり伝えることによって、子どもは子どもどうしのかかわりのなかで育っているのだと、保護者にもわかっていきます。

また、懇談会などの時に、子どもどうしのかかわりをビデオで見せたり、子どもたちの様子を知らせたりすることによって、保護者の、ほかの子どもへの見方が変わってきます。生活発表会での劇や歌などにも発達があること、今こんなことができるから、大きくなるとこのように育っていくのだという見どころなどをお話ししていくと、見る目が変わっていくのではないでしょうか。

発表会は、子どもの育ちのイメージをもってもらう絶好のチャンスです。小さい時、こんなことを大事にしたから今がある、今このことを大事にしているから大きいクラスのあのような取り組みになるなど、保護者に子育ての見通しをもってもらうことができます。

普段から、そういったことも意識してお話ししていくと、きっと保護者も変わっていくでしょう。

〈桃澤 智恵子〉

Q 51

作品展で、ほかの子と比較されるのを嫌がる保護者には?

クラスの中で月齢の低いKちゃんの母親は、作品展で作品を並べて展示すると、ほかの子と差が出てしまうのでやめてほしいと言います。出来栄えを気にしないで、Kちゃんの今の発達を見てほしいと思うのですが、どう説明したらよいでしょうか。

A
51

作品は子どもからのメッセージ、成長を楽しむきっかけと伝えましょう

　子どもの絵は年齢の発達により、なぐり描き、頭足人、見えないところまで描くレントゲン画、地面に垂直にものを描く基底線のある絵、工作の展開図のように四方に倒れている展開図的画法と言われるものなどがあります。大人の絵とは違った表現をするのが特徴です。

　そして、行事、遊び、感覚など、いろいろな経験を通して、年齢や発達に応じて心の感動を自由に表現していきます。ことに、4月生まれの子と翌年の3月生まれの子の成長発達には大きな差がありますが、表現のうえでも差が違いとなって表れます。指先や腕の動きなどの体の成長も、表現力にかかわる大事な要素ですね。

　子どもの絵は、大好きな人へのメッセージですから、まずそれを受け止めてあげることが大切です。Kちゃんの母親には、今を力いっぱい生きているKちゃんの心の充実、感動体験の様子を、ていねいに伝えましょう。

　作品展では、それぞれの子どもの育ちや成長の様子を、保護者がよく理解できるように知らせると同時に、園における子どもの造形表現に関する方針も、この機会に伝えていきましょう。

　一人ひとりの子どもの才能を大切に伸ばしながら、親子で自信をもって臨める、楽しい作品展にしていきたいですね。

　子どもの絵は、大人の目（うまい・へた）で見たり、比較したりするものではなく、心にあふれる感動のメッセージを読み、成長を楽しむものである、ということを伝えましょう。

〈関 章信〉

Q 52

行事の時の自分の子どもの写真が少ないと言う保護者には？

運動会の際に園で撮った写真を、壁に掲載して注文をとったところ、ある保護者から、自分の子どもの写真が少ないと苦情を言われました。どう対応したらよいでしょうか。

A 52

写真を確認して現状を把握しつつ、家庭の撮影状況と違うことを説明しましょう

　近年、デジタルカメラやムービーなどが普及し、誰でも気軽に撮影、保存ができるようになりました。家庭には、一人ひとりの子どもの生まれた時から現時点までのさまざまな写真が山ほどあるのでしょう。「写真＝たくさんのベストショット」ということが家庭での基準となり、園での写真のクオリティーも気になることでしょう。

　少子化の影響で、親戚みんながその子の成長を楽しみにしているという場合もあります。両祖父母、親戚一同で、一人の子どもの成長を楽しみにしているのです。

　また、行事の時に保護者が写真やビデオ撮影に熱中し、行事での拍手が年々減っているなかで、この家族は、当日は自分の目で子どもの晴れ姿を目に焼き付け、力強い拍手を送ってくださったのかもしれません。

　一人の子どもの背景もさまざまですが、写真が少ないと言ってくる保護者、もしくは、その子のもつ環境をあらためて見つめ直し、対応を考えていきましょう。

　同時に、園でのカメラマンの人数と園児数を伝え、家庭での撮影状況と違うことについて説明しましょう。集団での活動なので、親の願う一人ひとりのベストショットは難しい場合もあります。意識の違いを認識し、現状の理解をしていただきましょう。

　実際の写真の確認をすることも忘れてはなりません。ほんとうにほかの子どもに比べて写真が少ないのでしょうか。横や前に大きな子がいて見えにくかった、ということもあるでしょう。撮影日の出欠席者、早退、遅刻者なども影響してくるかもしれません。さまざまな原因が考えられます。なかには子ども自身が写真撮影を嫌がるというケースもあります。親からの苦情がヒントとなり、こちらが少し配慮する必要がある場合も起こるでしょう。

　このようなことをすべて含め、総合的な対応をすることが大切です。

〈福田　光葉〉

Q 53

保育者にお届け物をする保護者には？

お中元やお歳暮のシーズンになると、保護者からお届け物をいただくことがあります。園の方針でいただかないことになっているので、伝えてあるのですが、それでも送ってこられます。失礼のないように対応するにはどうしたらよいでしょう。

A 53

園全体で共通の対応を慎重にしていきましょう

園での方針が決まっているのですから、その旨手紙を添え、送り返すことが必要です。園で直接返すことは避けたほうがよいでしょう。

保育者の自宅に直接届けられるということは、おそらくほかの保育者にも届けられていることが予想されます。その時点で、情報を園長はじめ全職員と共有し、文書での対応などを共通化しておくことが大切です。個々の保育者によっての対応がまちまちだと、「あの先生は受け取った」「あの先生は拒否した」など、保護者の間でつまらない評価や不毛な噂が引き起こされることにもなりかねません。慎重に対応しましょう。

また、クラス全体でお金を集めてお歳暮などを計画されることがあります。当然そのような計画に反発する保護者もいますし、そのことで起きた保護者間の問題の解決を求められ、対応に苦慮する例もよく聞きます。あらかじめ保護者会などで、主任や園長から方針、対応を話してもらうことが賢明だと思います。

保護者の個人情報の保護ということで、連絡網のみを作成し、住所録を廃止しているケースも見られます。それに連動させて、保育者の住所を公表しない園も増えています。

〈松村 正幸〉

第5章
自己主張タイプ

Q 54

自分の育児方針を主張する母親たちには？

私のクラスの母親たちは、自分の育児方針を強く主張し合います。汚れる遊びはさせてほしくないという母親もいれば、泥んこ遊びをたっぷりさせたいという母親もいます。厳しくしつけたいという母親もいれば、のびのび育てたいという母親もいます。どう対処したらよいでしょうか。

アクマ園長の回答

「私の育児の主張」という園の行事を新しく設けます。

　最低、一学期に一度くらいは開くようにします。自分の育児方針を強く訴える方にはすばやく申し込み用紙を配ります。主張の多い方には、クラス名、保護者名を事前に書き込んでおき、忙しい時間の節約を図ります。

A 54

時間を決めてじっくりと話を聞きましょう

このように、自分の主張を訴えたい方には、まず話を聞くことです。その方がどのような考えをもっているのかが十分にわからないことには、答えようもないからです。また、じっくり聞いてもらえたという満足感は、安心と信頼にもつながります。

　ただここで困るのは、その話が非常に長くなるということではないでしょうか。ですからこうした方との会話には、「10分時間がとれますのでお聞きいたします」とか「来週の○曜日に、○時から30分ほど時間を取ります」などと事前に話し、フォーマルな面談にしたほうがよいでしょう。設定した時間が延長してしまう方が多いので、決められた時間になったら、次にやることがあるとはっきり告げ、切り上げる習慣をつけます。

　主張を十分に聞いたうえで、園の方針をしっかりと伝えます。そのことは自分だけの判断でない旨も付け加えてください。

　また、返事を職員会議などで検討する場合は、いついつまでにお返事しますと期日を決め、誠実な対応を心がけましょう。

〈小林 研介〉

Q 55

ほかの園と比較して要望を出す保護者には？

「あの園は5時まで保育してくれる」「あの園では英語を教えてくれる」などと言って、ほかの園と比較する保護者がいます。とりあえず話を聞いているのですが、園の方針もあり、困ってしまいます。どう対応すればよいでしょうか。

A 55

保護者の真意を聞き出して いっしょに解決策を考えましょう

なにをおいても保護者の話を聞くことは大切だと思います。「園の方針だから、それは受け入れられない」と頭ごなしにつっぱねると、保護者に不満だけが残り、申し出た内容以外のことにも波及しかねません。

「あの園は5時まで保育してくれる」と言われたとき、言葉を表面的にとらえて「5時まで保育をしないうちの園に対し、文句を言っている」と感じてしまっては、ほんとうに話を聞いたことにはなりません。

「今の保育時間ではいろいろ大変なんでしょうね」と、保護者の背景にある思いを吐露してもらい、真意をくみ取ることが肝要です。そう問いかけられることにより、「仕事を始めたので、2時にお迎えに来ることが難しくなった」「子どもの遊ぶ場所がなく、幼稚園だと安心」「近くに幼稚園の友達がいない」と、その次に続く言葉が出てくるはずです。そこにこそ保護者の伝えたい思いがあるのです。それを聞いたうえで保護者の気持ちや状況を理解し、現状で考えられる方法をいっしょに話し合ってはいかがでしょうか。

具体的な解決策がすぐには見つからなくても、共に考えるという姿勢は保護者にきっと伝わります。受け止めてもらえたという感覚が、信頼関係を深めていくことでしょう。

保護者の思いをくみ取りながら、保育者として子どもの成長を基軸において、「～という子どもの育ちを願っているので、このような保育を心がけています」というしっかりとした理念や子どもに対する思いを伝えることで、保護者は理解を示してくれることが多いと思います。

〈浜名 浩〉

Q 56

共働きでも幼稚園への通園を希望する保護者には？

クラスに共働きの家庭の子がいます。私の幼稚園は長時間保育を実施していて、給食も園バスもあるので、なんとか対応できているのですが、お迎えの時間に遅れることが時々あります。幼稚園での保育は無理なのではないかと思うのですが、どう切り出したらいいでしょうか。

A
56

どのような保育を希望しているのか明確にしてもらいましょう

社会の変化や核家族の進行で家族のあり方が多様化し、仕事をもつ女性が増えてきました。幼稚園でも長時間預かるシステムや、認定子ども園などの受け皿ができつつあります。社会に進出する母親が増えることは喜ばしいことですが、視点を子ども側に移してみましょう。

夕方だんだん暗くなって、遊ぶ相手が少なくなっていくと、「早く来ないかな」と、お迎えを心待ちにして、心細さや不安が募ります。このような状況では、家庭に代わって保育を行う保育園を勧める気持ちもわからないでもありません。

幼稚園を希望する保護者は、文部科学省下での教育を受けさせたいと願っているのではないでしょうか。今まで、幼稚園での環境の下で、保育者や友達といっしょに活動をしてきたなかで養われたものは、大きいと思います。

また、幼稚園と保育園の違いをわかっている方は少ないと思われます。内容は同じように見えますが、文部科学省と厚生労働省の管轄の違いから、子どもを受け入れる目的が違っています。

保護者はどのような保育を希望しているのでしょう。家庭に代わって保育を行ってほしいのでしょうか。バスや給食といった利便性を重視しているのでしょうか。保護者と話し合い、これからの方向性を明確にしていってはどうでしょうか。

幼児期の教育は生涯にわたる人生の基礎をつくる大切な時期です。保育園と幼稚園、どちらにするにしても、協力し合ってよりよい環境を整えることが、子どものこれからの健やかな成長につながっていくことを伝えましょう。

もし、幼稚園を希望しているのであれば、子どもにとっては負担と考えられるお迎えの時間を改善していただけるようお願いしてみてはいかがでしょうか。

〈関 章信〉

Q 57

クラス替えに要望を出す保護者には？

「年長になっても仲よしのOちゃんと同じクラスにしてほしい」と言われました。逆に、「Eくんとはいっしょのクラスにしないで」と言われることもあります。どう対応したらよいでしょうか。

A 57

子どもの意思なのか、保護者間の問題なのか、しっかり把握して対応しましょう

学年末になるとよく聞かれることですね。当然のことながら、即答は避けましょう。

まず、保護者の気持ちを十分に聞くことが大切です。その要求の度合いや理由、特に子どもの意思なのか、保護者どうしの問題が根本にあるのかなどを把握しておきましょう。

また、要望を出してきた保護者だけではなく、対象となった保護者の様子も判断する際の大事なポイントになります。その点も気をつけて見ておきましょう。

仮に、双方が同じことを望んでいると判断された場合、特に、「別のクラスにしてほしい」と考えている場合には、そのことを考慮してクラス編成を行ってもよいのではと思います。

しかし、クラス編成に関しては、あくまでも保育者が行うことです。その結果について事前に話す必要はありません。

ただし、「別のクラスにしてほしい」と要望されていたのに、保護者の意向どおりにクラス編成が行えない場合は、事前に十分に説明しておく必要があると思います。特に、保護者が危惧している点への対応については、園長なども交えて説明し、理解を求めておく必要があると思います。

〈松村 正幸〉

Q 58

文字や数の指導を園に求める保護者には？

4歳のMちゃんの母親から、「文字や数を教えてください」と言われました。園では、文字や数の指導は特にしない方針です。どのように説明したらよいでしょうか。

A 58

文字や数を覚えることよりも、遊びを経験することが大切と伝えましょう

まず、乳幼児期は文字や数を覚えることよりも、いろいろな遊びをたくさん経験することが大切であることを話しましょう。特に4歳の時期は、文字や数を教えるのでなく、話し言葉をしっかり位置づけ、キャッチボールのように言葉を行き来させながら対話を発展させることに力を入れることが必要です。

そして、園での生活や遊びのなかで、文字や数字に自然に興味がもてるようにくふうしていることを伝えていくといいですね。

例えば、生活のなかで、持ち物やロッカー、お便りなどのいろいろな物にひらがなで名前を書くことによって、名前の文字の形を覚えていきます。また、絵本やカルタ、文字遊びなどでも、文字を覚えていくでしょう。数については、当番活動で物を配ったり給食を配ったり、集団遊びで人数に関係する遊びをしたりしていくなかで、数の1対1対応がわかっていくようになります。

園の一日の生活や遊びのなかで、少しずつ文字や数に興味をもつようにしていることを話しましょう。そして、5歳の後半になって、手首や指の発達が十分に育ってきたとき、遊びのなかで鉛筆を使ってぐるぐる丸や線などを書き、名前や文字を書くことに移っていくようになることを伝えましょう。

園の方針をしっかり伝えて、早くから文字や数字を教えなくてもいいことをわかってもらい、安心させてあげましょう。

〈篠原　秀子〉

Q 59

習い事のために子どもの遊びを制限する保護者には？

小さいころからピアノを習っているHちゃんは、周りからとても期待されていて、母親には、「指を傷めるような遊びはさせないでください」と言われています。でもHちゃんだけ遊びを選ぶことはできません。どうしたらわかってもらえるでしょう。

A 59

子ども自身がどう思っているのかに耳を傾け親と話し合っていきましょう

まずは、その家族が、子どもに期待している気持ちをきちんと受け止めましょう。話を聞きながら、親の立場になって理解に努めます。そして、子ども自身はどう思っているのかが、もっとも耳を傾けなければいけない判断の要素なのではないでしょうか。

それらを理解しながら、園では具体的にどうかかわってほしいのかを聞きます。やらせたくない遊びはなんなのか。砂遊びや鉄棒、マット運動、ボール遊びなどが考えられます。そのうえで本人が納得できるように、家庭でも話し合ってもらいます。

また、園でできる対応にも限りがあることを、親にも理解を求めておくことが必要でしょう。本人がやりたいと言うことは、園としては制限しにくいものです。集団生活のなかで、あるいは友達とのかかわりのなかで、本当はやりたいのに我慢しているということもあるかもしれません。このような園での様子を保護者に伝えながら、もし友達関係や心身の発達上で問題が生じた場合は、その都度具体的に話していきます。親の気持ちもくみながら、子育てをいっしょに考えていくことを大切にしてください。

それから、ピアノの演奏には、技術とともに感性が大切であることも伝えましょう。ピアノの表現には、さまざまな豊かな経験によってはぐくまれていく情感が欠かせません。五感を十分に刺激し、心を動かす体験も、音楽家にとって重要な要素です。園は友達とのかかわりのなかで喜怒哀楽を心に刻み、感性を磨く絶好の場でもあります。そのような面も伝えながら、伸びる才能を大切に育てていきたいものです。

〈野上 秀子〉

Q 60

幼稚園教育より英才教育をと思っている保護者には?

「幼稚園でなくても、便利で特別な指導をしてくれるところがあったら通わせたい」という親がいます。幼稚園教育の大切さをわかってほしいのですが、どのように説明したらよいでしょうか。

A 60

幼稚園は生き方の基本を学ぶ場であると自信をもって伝えましょう

ある特定の技能や能力を伸ばす教育とは、どういう教育でしょう。いわゆる英才教育の中身は案外多彩です。小学校受験のための教室は、試験のための訓練の場です。音楽や絵画の教室は、きちんと基礎からレッスンをする所もあれば、遊びに近い所もあります。

そうした教室をよしとする保護者には、それなりの目標があるものですから、それをとがめだてする必要もないと思います。ある芸能養成系の教室などは、しつけもきちんとして、すてきな子どもたちがそろっていました。

では、幼稚園教育の大切さとはなんでしょう。ひと言で言えば、生きる原点を学ぶことだと思います。幼稚園に集まってくる子どもたちは、なにか特別の技能を身につけたくて集まってきているわけではありません。保護者もそんな目標はもっていないと思います。それよりも、生き方の基本を学びたくて集まってきています。正しいことを正しい、悪いことを悪いと判断する力、自分のことは自分でしようとする力、そんな原点を学ぶために集まってきているのです。

ですから、幼稚園での活動は雑多に見えます。ある時は砂いじりをし、ある時はみんなで歌をうたっています。そうした多様な経験のなかから、一人ひとりの伸びる力を養っていこうというのが幼稚園教育です。どうかそれを、自信をもって伝えてほしいと思います。

〈友松 浩志〉

Q 61 行事の進め方に口を出す保護者には？

行事の進め方などに対して、必ずなにかひと言言ってくる保護者がいます。確かにもっともだと思うこともあるのですが、毎回なので気がめいります。どのように接していけばよいでしょうか。

A 61

意見があるのは信頼関係がある証拠！行事を見直すチャンスと考えましょう

子どもたちのために、よりよい行事のあり方や進行、内容を考えている保育者としては、このような意見をいただくと、取り組みそのものを否定されているかのように感じ、つらいですね。しかし、同様に保護者の方も、保護者なりに、よりよい行事にしたいという強い思いがあるからこそ、意見をお持ちなのでしょう。

心で思っていることを伝えても大丈夫、という園の雰囲気は、保護者にはとても安心した環境であることなので、保護者との関係がうまくいっている証拠です。そう思って、行事への意見でめいる気持ちも半分くらいに受け止めましょう。

実際にこのような意見をいただいた時には、どうしたらよいのでしょう。毎回「貴重なご意見をありがとうございます。今後の参考にします」と受け止めることが大切です。保育者が聞いてくれたというだけで、かなり気持ちが落ち着くはずです。

だからといって、その意見をすべて取り入れる必要はありません。貴重な意見ですから、それをきっかけとして行事を見つめ直すチャンスと考えましょう。

ポイントを二つ挙げてみます。

①毎年この方法で行っているというだけで行事を行っていないか？

前年度の反省から出たものや、例年保護者から出る意見であれば、その行事の運営を考える必要があるかもしれません。「もっともだ」と感じるのであれば、それらを職員間で検討し、やはりその行事を見直すことも必要です。

②その行事のあり方やねらいが保護者に伝わっているか？

園便りや保護者会などで、その活動の意味、期待している成長の姿などを積極的に伝えましょう。なんのためにどのような育ちを願っているかを理解していただくと、マイナス面を強調したような意見は減ってきます。

〈福田 光葉〉

Q 62

発表会を手伝う際、自分の意見を譲らない母親たちには？

発表会では保護者に手伝っていただくことが多いのですが、いろいろな意見が出て、なかなかまとまりません。どのように対応していったらよいでしょうか。

A
62

園側が主導権をもつことで間をとりもっていきましょう

どの程度の手伝いを保護者にお願いしているかによっても、その対応は違うかもしれません。ですが、どんな場合でも、保護者のみなさんが「子どもたちにとって、よりよいものを！」という気持ちでがんばってくださっていることをよく理解し、感謝の気持ちをもって接することを忘れないようにしましょう。

まず、園の趣旨と違った方向に行ってしまいそうな時は、今一度、それを伝え、全員の意見が同じ方向を向くようにする必要があるでしょう。園の趣旨に添っている内容であれば、それぞれの意見のよさを受け止めたうえで、その中庸を行く案を園が提案する、「子どもたちの意見や希望も取り入れていいですか？」と決定権を子どもに委ねる、などの方法をとると、摩擦なくまとまっていくように思います。一つの意見を否定したり、極端に一つの意見に荷担してしまったりするような形だけは、決してとらないように気をつけましょう。

保護者のみなさんの協力は、ほんとうにありがたく、このバックアップがあることで、とても助けられているのは事実です。が、あくまで園が主導権をもつようにすることで、このようなトラブルはぐっと減っていくものだと思います。

〈佐久間 浩子〉

Q 63

発表会の配役に抗議してくる保護者には？

　子どもたちと相談して発表会の配役を決めたところ、Hくんの母親から「なぜうちの子が主役じゃないのか」と言われました。子どもたちと話し合って決めたことなのですが、わが子を主役にと思っている母親も多いようです。どのように対応すればよいでしょうか。

A 63

活動のねらいや話し合いの過程をていねいに伝えましょう

発表会の配役を、保育者が決めたのではなく、子どもたちと話し合って決めたというところがポイントですね。Hくんは、決まった配役に満足していないのでしょうか。子ども自身が納得しているのであれば、話し合いの過程をていねいに伝えることで、お母さんの納得が得られると思います。

「子どもたちが決めたのだから」だけでは、保護者にはなかなか伝わりませんね。保育者が配役を決めてしまうより、自分たちで話し合って決めることの方が、子どもたちにとってどれだけ意味のある経験になるか、事前にお伝えしていましたか。発表会に関してだけでなく、活動のねらいや、保育者が大切に考えていることを、お便りの紙面や保護者会などで繰り返し伝えていくことは、とても大切なことです。

「わが子を主役に」という思いから、「みんなが主役」という思いに変わっていくよう、以下のことを試してみてください。

・なぜ子どもたちが自分たちで話し合って配役を決めるのか、保育者の意図やねらいを明確に伝える。
・Hくんが、どの役をやりたいと主張していたのか、なぜその役を選んだのか、話し合っていた時の様子、話し合いの過程を、ていねいに伝える。
・主役以外の役の子どもにも、スポットライトが当たる場を設ける。
・主役だけではなく、それぞれの役の役割、見どころを伝え、その役ならではの表現のくふうやがんばりなど、練習中の様子も伝える。

これらの対応は、発表会だけでなく、すべての活動につながってくると思います。「わが子が一番」という保護者の思いを尊重し、園での一人ひとりの様子や育ちをこまめに伝えていくことが、抗議や批判を減少させるのではないでしょうか。

〈亀ケ谷 忠宏〉

Q 64

園で言葉づかいが悪くなったと言う保護者には？

5歳のSくんの母親から、「最近、言葉づかいが悪くなった」と言われました。Sくんの語い力が増し、また以前よりも活発になったからだと説明しても、なかなかわかってくれません。どうしたらよいでしょうか。

A 64

言葉について意識して取り組んでいることを具体的に伝えましょう

まずは、保護者が言っている「言葉づかいが悪くなった」ということを認めるところからだと思います。きっとSくんのお母さんは、Sくんの言葉が気になって仕方ないのでしょう。そのうえで、Sくんの最近の友達関係や、楽しそうにしている活動について、具体的に伝えましょう。

子どもたちは、園でいいことも悪いことも、友達のいろいろな面を吸収しながら大きくなっていきます。それだけ、友達とのかかわりが多く、吸収していっているということでしょう。友達とのかかわりのなかで、乱暴な言葉をつかうことが、かっこよく思えているのかもしれませんし、そういった言い方しか知らないのかもしれません。

みんなが気持ちよく過ごすためには、どんな言葉をつかえばいいのか、乱暴な言葉や言われて嫌な言葉をつかうことはどうかなど、みんなで意識する機会をもつことも必要です。絵本などで、すてきな言葉に触れる機会も大切です。「言葉については、園でも気にして取り組んでいます」ということを伝えれば、きっと納得してくれるでしょう。

また、言葉は、クラス全体、園全体の問題でもあります。保育者の言葉はどうかなどを、時々振り返ってみることも大事です。機会があればクラス懇談会などで、保護者に投げかけてみることも必要ではないでしょうか。

〈桃澤 智恵子〉

Q 65

片づけは園でしっかり指導するべきと言う保護者には？

Hくんの母親に、「友達が遊びに来て、散らかしたまま帰っていきました。片づけについては、園でしっかり指導するべきではないですか？」と言われました。どう対応したらよいでしょうか。

A 65

家庭と園とで指導していくことが大切と理解を求めましょう

Hくんのお母さんは几帳面でまじめな方で、こうあるべきだと思うタイプのようですね。

確かに、遊びに行った先で散らかしたまま帰るのは、マナーとしてもよくはありませんね。気持ちよく過ごしたり、次に使いたい時に探さなくてもすんだりするために、片づけは毎日の生活に必要なものです。Hくんのお母さんは、友達のことを思って、そのように保育者に言ってきたのではないでしょうか。

しかし、生活習慣は園だけの指導で身につくものではありません。家庭と園とで同じように指導していくことが、子どもにもわかりやすく、身につきやすい方法ですね。子どもによりよく育ってほしい思いは、保護者も保育者も同じようにもっています。

まず、お母さんの気持ちに寄り添いながら、ともに子どもの成長をサポートできる環境をつくることが大切です。そこで、園生活のなかで、片づけについてどのように指導していて、最終的になにを身につけてほしいのか、ていねいに話してみてはいかがでしょうか。

園は、社会性を育てる場であり、集団生活のなかで社会のマナーを知り、習得する場でもあります。園での子どもの様子を知らせながら、家庭内でのマナーはそれぞれの保護者の指導が必要なことも知らせ、互いに協力し合って子どもたちの成長を見守っていけるよう、理解を求めてはいかがでしょうか。

〈関 章信〉

Q 66 給食の食材に、細かい注文をつける保護者には？

給食について、「有機栽培の野菜を使ってほしい」という要望を受けました。気持ちはわかるのですが、予算の都合もあり、とても難しい要求なので困っています。どのように説明したらよいでしょうか。

A 66

園の姿勢をしっかり示し、対応が難しい現実を伝えましょう

安全、安心な物を食べさせたいという保護者の願いは、もっともなことですね。

「安全で安心な物を食べさせてほしい」というのは、なにより子どもの願いでもあります。大人が用意してくれた物を食べて大きくなる子どもたちは、食事のたびに、疑うこともなく口にします。そして、幼いころの食卓を基本にしながら、自分の食生活をつくりあげていきます。大人の価値観を、食事といっしょに体に取り込んでいく時期だからこそ、子どもの願いにしっかりこたえたいですね。

保護者には、乳幼児期の食事をどのように考えて給食を提供しているのか、園としての姿勢をしっかり示すことが必要です。もし、子どもの願いに添った物になっていない場合には、子どもの代弁者として、園に対して職員会議などで提起したいですね。

給食予算などの現実的な枠のなかで、園として努力していること、食材を選ぶ時に優先させていること、例えば国産の物、旬の物、添加物のない物を使っていることなど、今していることのすべてを伝え、園としても、保護者と同じようにより安全な物を選んでいきたいという姿勢を示します。そのうえで、実現できない理由として、給食の予算など行政からの枠のことを保護者に知ってもらうことは、とても大切なことです。

園の努力だけではすまない現実を、理解してもらいましょう。そして、子どもが育つ環境をいっしょにつくり出す大人として、理解を深めてもらえるような働きかけを心がけましょう。

〈小西 律子〉

Q 67

食べ物の好き嫌いを園のせいにする保護者には？

2歳のYちゃんの母親から、「子どもがニンジンを嫌いになったのは、園で無理に食べさせられたから」と言われました。無理に食べさせたつもりはないのですが、どう対応したらいいのかわからず困っています。対応策を教えてください。

A 67

好き嫌いの意味や集団での様子などを ていねいに伝えましょう

なんでも食べられたらどんなにいいかと思っているのは、子ども自身です。もちろん、保護者も、好き嫌いせずなんでも食べて大きくなってほしいと願っています。

「好き嫌い」ができる理由として、食べ物の味が嫌というよりは、嫌な思いをして食べたことがマイナス要因として記憶されることが多いようです。次は嫌な思いをしたくないと防御するので「食べたくない」という反応が出てしまうのです。「無理に口に押し込めば、味を覚えて食べられるようになる」と聞くこともありますが、それは、強制されたことを受け入れただけのことで、これからの信頼関係を左右しかねません。

また、なんでも食べてほしいという思いから、好き嫌いする子はだめな子と否定したり、食べなかったら大きくなれないと脅かしたりしてはいないでしょうか。言葉かけをすればするほど、マイナス要因が増えていきます。2歳児が「食べてみよう」と思える言葉かけが必要です。

食べ物は、頼まれて食べるものでも、お願いされて食べるものでも、ましてや強制されたり脅かされたりして食べるものでもありません。

「どんな味がするか、ひと口食べてみよう」「隣のトモくんが甘いって言ってるけど、どうする?」など、普段から無理強いすることがなければ、このひと口に挑戦する力をもっているのも2歳児です。これでひと口食べられたら「どんな味だった? もっと食べてみる? それとももうごちそうさまする?」と、一つひとつ自分で決めていけるような援助が必要です。食卓で、「自己決定」できる場面を少しでも多くつくって、自分で食べたという実感を得ることが、プラスの要因となって食をすすめていきます。

誰のせいで好き嫌いができたのかというような話にはせず、好き嫌いの意味や集団のなかでの様子などを、ていねいに伝えたいですね。

〈小西 律子〉

Q
68

子どもの薄着に過敏な保護者には？

子どもの薄着や、寒い日の外遊びなどについて敏感になって、細かく注文をつけてくる保護者がいます。あまり厚着をするのもよくないし、寒い日でも外で元気に遊んだほうがいいと思うのですが、どう説明したらわかってもらえるでしょうか。

A 68

体を動かして思いっきり遊んでいる時は、体温が上がることを知ってもらいましょう

親はしばしば、自分が寒いと思う時、子どもも同じだと思うようです。子どもの平熱を知っておくことはもちろん大切ですが、園で体を動かして思いっきり遊んでいる時には、体温が上がっていることも知ってもらいましょう。きっとじっとしている大人は、寒いという感覚で子どもを見てしまうのだと思います。

もちろん、園としても、活動的な遊びをおおいに取り入れ、寒そうなイメージを与えない活動にすることが必要です。

例えば、寒い日に温かくなる遊びを、お便りで知らせるのはいかがでしょう。「おにごっこ、おしくらまんじゅう、なわとび、ボール遊び、サッカーで、元気いっぱい遊んでいます」などと、子どもが体をいっぱい動かして遊んでいる様子が伝わるお便りを書いてみましょう。そして、寒い時こそ体を動かして筋肉をほぐし、寒さに負けない体づくりができることを伝えましょう。

また、子どもから「きょうはおにごっこで遊んで楽しかった。体がポカポカして熱いぐらいだったよ」「きょうはドッジボールをするから、セーターはいらないよ」などと、その日の活動を伝えるようになると、親も安心するようになります。

登園する時に冷えていると、つい厚着をさせてしまいそうですが、園では日中を過ごすので、天気予報などで日中の温度を参考にしてもらえると、親の見方も変わってきます。屋外での遊びの提案や、この時期に丈夫な体の基礎づくりをしていることを伝え、「ともに育てましょう」と協力を仰ぎましょう。

〈木藤 尚子〉

Q 69

シラミがいたのを園のせいにする保護者には?

Mちゃんのお母さんから、「うちの子の頭にシラミがいるのを見つけた。家ではありえないから、園でうつされたに違いない。どうしてくれるのか」と決めつけられました。どう対応したらよいでしょうか。

A 69

集団生活のなかでの発生はやむを得ないこと、駆虫対策には力を入れることを説明しましょう

情報社会ですから、シラミについてたくさんの知識をもっている方も見られますが、まったくわからない方や、聞き伝えで不安が大きい方もいます。まずは、シラミの発生についての基礎知識を伝えましょう。

ヒトに寄生するシラミには、ヒトジラミとケジラミの2種類があります。このうち、ヒトジラミには、頭髪につくアタマジラミと衣類につくコロモジラミがあります。園で問題になるのはアタマジラミです。集団生活のなかでは、アタマジラミを誰かが持ち込むことはよく起こってしまうことです。どこにでもいるものだということを、まずは理解していただきましょう。そして、次のような説明をしてはいかがでしょう。

・アタマジラミは、ヒトの頭髪に寄生する吸血性の昆虫で、さされるとかゆみがでてきます。一度もちこまれると頭髪から頭髪へうつっていくため、清潔にしていても寄生することがあります。

・アタマジラミが見つかったら、医師に相談して駆除します。できるだけ髪を短くして、専用のシャンプーで洗い、スキグシや指先でとり除きます。シーツ、タオル、下着は毎日取り替え、熱湯消毒やアイロンを当て、ふとんや枕は日光消毒をします。また、タオル、帽子、ブラシの共有を避けます。

アタマジラミの駆虫は2週間ほどでできますので、子どもたちの心を傷つけないように、園と保護者が連携して速やかに対応しましょう。園では、掃除をこまめにして、帽子の保管場所を個別にしたり、午睡時には頭と頭が接触しないように向きを変えたりすることも大切です。

アタマジラミは、近年増加しています。家庭や園の不衛生からくるものではないことと、駆虫対策に力を入れていくことを説明して、集団の場ではある程度はやむを得ないことと理解していただいてください。

〈山口 千恵子〉

Q 70

子どもの世話で遅刻した場合の責任を園に求める保護者には？

おむつ交換に時間がかかってしまって会社に遅刻したので、遅延証明を出してくれと言ってくる保護者がいます。パートなので、遅刻した分の時給を支払ってほしいと言ってくる保護者もいます。対応策を教えてください。

A
70

責任を負う必要はありませんが保護者の気持ちを受け止めていきましょう

保育園は、朝7時前後から夕方7時前後まで開園している園がほとんどです。保護者は、その間を自分の勤務時間に合わせて利用するということになるので、基本的には会社に遅刻したことへの責任を、園が負う必要はありません。

朝は、連絡帳を書く、体温を測る、おむつを替える、着替えさせるなど、預けるために要する時間を見計らって登園してもらうように、入園時にしっかりと説明をして、納得してもらっていることが大切です。しかし、いよいよ園通いを始めると、子育てをしながら仕事を続けることの大変さを、実感することになります。熱を出してお休みが続いたり、出かける前にぐずって家を出るのが遅くなったりして、欠勤や遅刻が重なり、職場に気をつかうことになったりするのです。そのようなことで、園に対していらだちと要求をぶつけてしまう保護者も多くいます。

保育者は、そのような保護者の気持ちを受け止めて、状況を判断しながら、朝スムーズに出勤できるような声かけや手伝いをしてあげることも、必要なことでしょう。日ごろから、保育のこと、仕事のことなどで互いにコミュニケーションをとれる関係が成立していれば、無謀な要求を突きつける保護者は少なくなるでしょう。

〈徳永 満理〉

Q 71

若い保育者を信頼してくれない保護者には？

Kくんの母親は、担任の私の方が若いので、全然信頼してくれません。「子どもを産んだこともないのに、子どものことなんかわかるはずない」と決めつけます。どのように対応していったらよいでしょうか。

A 71

相手が信頼してくれるのを待つよりも自分から信じてみましょう

「産んだことがないのに子どものことなんてわからない」とは、若い保育者が言われて思い悩む言葉ですね。それはそうです。返す言葉もありませんね。実際に自分がその立場になって経験しないと、わからないことがたくさんあります。母親の気持ちは、母親になれば誰でも経験してわかるようになります。ですから「自分は子どものことが理解できないんだ」と気にすることは、まったくありません。

保護者との信頼関係は、子どもの笑顔や成長と同じように、私たち保育者の元気の素ですね。相手を信じようとする心はとても強く、また、とても壊れやすいものでもあります。信頼関係は目に見えませんね。相手が信頼してくれるのを待っているよりも、自分から信じてみましょう。「信頼できない」相手には、大切な子どもは預けられません。保護者は、園や保育者を信じて、毎日、登園してくれるのです。

今まで考えてもいなかったことを言われて、驚くこともあるでしょう。今まで気がつかなかったこと、気にならなかったことも、いろいろな立場の人の価値観を理解しようとするとわかるようになります。そうすると「産んだこともないのに」という保護者の気持ちにも共感できるようになります。

ベテランの保育者でも、「保護者との信頼関係って難しい」と思っています。まずは相手を信じる気持ちを大きく育ててみましょう。

〈山内 一弘〉

Q 72

「男の先生には相談できない」と言う保護者には?

あの…た…太郎先生…ご相談が…
Kちゃんのお母さん
はい なんでしょう?
あああやっぱりダメッ
男の先生には相談できないっそこには越えられない壁があるのよっ
え?
やっぱり私たちただのお友達でいましょうっ
ダッ
さよならっ
ええっ!? 友達って…
?

Hちゃんの母親が、「男の先生には話しにくいので…」と言って、別の女性保育者に相談していました。担任としてなんでも話してもらいたいと思っていただけに、かなりショックでした。これからどうかかわっていけばよいでしょうか。

アクマ園長の回答

　思い切って女装することをおすすめします。男性保育者だからといって、男性的な姿ばかり求められることはありません。エプロンだけでなく、思い切ってスカートだってはいてみましょう。子どもたちに「かわいい」と言われて、新しい自分を発見できることもあります。

　ちなみに相談は、女言葉でなく普段どおりの受け答えでなんらかまいません。

同性の友達と思ってなんでも相談してくださいね
友達にはいないタイプ…

A 72

気まずいままにせず、理由を聞いてみましょう

　若いから、独身だからという理由で話しづらいと言われることは、保育の世界ではよくあることです。最近は男性の保育者が増えてきて、こういうケースも出てきました。

　このような場合は「若い」「独身」という理由と同じですが「どうして男性保育者だと話しにくいのですか？」という質問を、ダイレクトにしてみてはいかがでしょう。つまり、そのことを話の主題とするのです。

　そこにこだわる理由はさまざまなものがあるでしょうが、こうした話から、相手の理解が得られる場合がよくあります。気まずくよそよそしい関係にすることなく、相手のなかにぐっと踏み込むことも、保育者と保護者の関係のなかでは有効です。

　なによりも、担任としてあなたの

お子さんを園のなかで一番よく知っていますというメッセージを送ることも、忘れてはなりません。

〈小林 研介〉

Q 73

意見の食い違いで関係が悪化した保護者には?

母親との面接で意見が食い違い、感情的に反論してしまいました。関係が悪くなって、とても後悔しています。子どものためにも、信頼関係を取り戻したいと思っています。どうしたらよいでしょうか。

A 73

まずはお詫びし、会って話をしましょう

一度関係が悪化してしまうと、どうしてもこちらからのかかわりが消極的になってしまいがちです。が、そんな時こそ、がんばって声をかけ、少しでも早く関係を修復していきましょう。

そこまでこじれてしまったなら、一度きちんと時間をとって、話をした方がいいかもしれません。電話などではなく、顔を合わせてお話しするとよいでしょう。

まずは、感情的になってしまったことをお詫びしましょう。保護者の考えに無理して迎合する必要はありませんが、保護者と同じように、自分も子どものことを一生懸命考えていたからこそムキになってしまったことを、わかっていただけるとよいですね。保護者はこの世の誰よりも、その子のことを思っているということを、心にとめて接しましょう。

主任の保育者や先輩の保育者など、第三者に同席してもらうことも一案です。園全体で、その問題について考えていく姿勢であることが示唆でき、場の雰囲気を柔らかくすることもあるでしょう。

〈佐久間 浩子〉

第6章
おさわがせタイプ

Q 74

うわさ話をメールで広める保護者には？

園のことや、子どものこと、親のことなど、うわさ話をメールで広めている保護者がいるようです。プライベートに関することもあるようなので、控えてほしいと思うのですが、メールなので実態が見えにくく、対処しにくいのが現状です。どうしたらよいでしょうか。

A 74

まめに話をして、保護者が安心できるようにしましょう

私的なことにもかかわる問題なので、どう対応していけばよいのかは、必ず園長や主任など上の先生に相談していくのがよいでしょう。園がどこまでその問題にかかわっていくのか、状況や内容によっても違ってくると思います。

保護者からの相談があった時は、まずは話を聞いて現状を把握しましょう。どう対応していくのかは、その場で答えず、「上の者とも相談して、後日お答えします」と言って慎重に対応していくことが大切です。

また、担任だけが話を聞いたり答えたりするのではなく、園長や主任が同席することで、園の考え方や、担任では少し言いにくい部分も答えることができると思います。

子どものことに関して、保育のなかでは見えにくい部分や、保育者のかかわりの意図が伝わりにくい部分があり、そのことから不安や心配でメールをしてしまうこともあるかもしれません。そういう保護者には、保育に理解が得られるように、子どもの様子を伝えたり、まめに話をしたりして、安心できるようにするのもいいかと思います。

メールは誤解が生じやすいこと、なにか気になることがあったら、園に伝えてもらうようにすることなどを、４月当初から手紙や保護者会などで伝えていき、保護者に意識してもらうよう働きかけていくとよいでしょう。

〈亀ケ谷 忠宏〉

Q 75

うわさ話が原因でトラブルになる保護者たちには？

「Tちゃんがこんなことを言っていた」とか、「YくんがKくんをいじめた」などと、うわさ話をする母親がいます。それが原因でトラブルに発展することもあり、困っています。対応策を教えてください。

A 75

常に中立の立場できちんと話を聞き整理していきましょう

基本的には、親どうしのトラブルは園がなかに入るのではなく、親どうしで解決していただくことが望ましいと考えます。しかし、あまりひどい場合は、子どもどうしのトラブルへとつながることもあるので、慎重に対応する必要があります。

園がそこにかかわるなかで大切なのは、常に中立であることです。双方からきちんと話を聞き、それを整理して伝えましょう。その際、実際の子どもの姿と違う場面が出てきたり、理不尽な言葉になってきた時には、それらを訂正し、誤解ならばそれを解いていきましょう。そうすることで、そのうわさ話を終わらせることができると思います。

しかし、根底にあるのは「なぜその保護者が、そのようなうわさ話を常にするのか」という点です。その保護者はどこか不安定なのか、子どもに対して自信がないのか、子どもに対して心配なことがあるのか、親どうしの関係がうまくいっていないのか、考えてみましょう。うわさ話がやまない人には、なにかそういった心配をもっている人が多いように思います。

担任や園全体でその親に声をかけ、園の様子、子どもの様子を伝えるようにすることも大切です。園との関係が安定してくると、子どもとも、ほかの親との関係も落ち着いてきます。

しかし、園にはトラブルもつきものです。子どもどうしのけんかも生じます。時には意地悪も言い合うでしょう。その一つひとつが学びの場面であり、一つひとつのトラブルが成長につながるのです。自分たちでそれらを乗り越えていける子どもたちに育ってほしいと思います。子どもどうしのトラブルにはそのような意味もあることも、理解していただきたい点の一つです。

〈福田 光葉〉

Q 76

クラスでグループ化する母親たちには？

クラスの親の間で、いくつかのグループができてしまっているのですが、どのグループにも入れない親がいて、孤立しています。子どもの遊びにも影響を与えるので、なんとかしたいのですが、いい方法を思いつきません。どうしたらよいでしょうか。

A 76

園生活のなかでの子どものつながりから親の関係を修復していきましょう

保護者どうしの問題には、保育者がなかなか立ち入れない難しさがあります。というより、一線を引いて立ち入らないほうがよい場合も多いでしょう。しかし、園のなかで、子どもどうしのかかわりに親の関係が影響するようであれば、保育者の対応が必要となります。担任や園の対応に行き届かない面があるのでは、という視点にたって、援助のあり方を考えてみましょう。

このような場合は、園生活での子どもの関係を改善し、子どものつながりから、親の関係を修復していくといいでしょう。その子の得意なことでスポットが当たるようにするのも一案です。また、その子に限らず、一人ひとりが友達の優れた面を見つけて「すごいね」と言い合えるクラスの仲間意識をつくるのです。そんななかで、子どもどうしがわけ隔てなく、しなやかに楽しくかかわる姿を、保護者に伝えていくようにします。「きょうは、おうちでも○○ちゃんと遊びたい」となれば、母親たちも自然に打ち解けていけますね。

また、このように孤立している人は、周囲の人がとっつきにくい雰囲気をもっているのかもしれません。まずは保育者のほうから、笑顔で話しかけるようにして、気軽に話す機会をつくってみてはどうでしょう。子どもの送り迎えの時など、ほかの保育者や主任に事情を理解してもらい、意図的に子どもの姿を伝えていくのです。担任以外の保育者からも声をかけられると、大切に見守られている安心感がもてて、うれしいものです。表情も柔らかくなって、周囲のお母さんたちも声をかけやすくなるのではないでしょうか。

〈野上 秀子〉

Q 77

陰で保護者の悪口を言う保護者には？

私と直接顔を合わせている時にはとても愛想がいいのに、陰で私の悪口を言っている保護者がいます。言いたいことがあるなら、面と向かってはっきり言ってほしいのですが、どう対応したらよいでしょうか。

A 77

言動や振る舞いに気をつけ、自分のいいところを表現するように努めましょう

たまたま保育者の耳に入ってしまい、気になったのだと思いますが、保育者は、多かれ少なかれうわさの人物になってしまうのは、仕方がないことだと思います。ちょっとした芸能人的な要素があるのが「保育者」という職業です。いちいち気にしないことが一番だと思います。が、その悪口が子どもの耳に入ることだけは避けたいですね。

一つの方法は、ストレートにその保護者に聞いてみることです。「こんな話を耳にしたのですが……。私はまだ保育者として未熟で至りませんが、少しずつ学んでいきますので、今後は直接私に伝えていただければありがたいです」と、ていねいに声をかけてみてはどうでしょう。

でも、そんなことはできないと思うのなら、気にせず放っておいてもいいと思います。

いずれにせよ、今後はいろいろ悪口を言われないよう、言動や振る舞いに気をつけ、自分自身のすてきなところをいっぱい表現するように努めましょう。そうすれば悪口もなくなり、少々のことはあたたかく見てくれるようになると思います。

保育者として、明るく元気に子どもの成長を援助し、子どもたち一人ひとりをしっかり見届ける本来の保育者の仕事に、熱意を示してください。そのことが、きっと子どもたちから慕われ、保護者からも信頼される保育者になれることにつながると思います。

〈木藤 尚子〉

Q 78

子どもの問題点を話すと怒りだす保護者には？

Dくんは、クラスでちょっと落ち着きがないので、家庭訪問の時に母親に話して協力を求めました。やんわりと切りだしたつもりなのですが、「うちの子が落ち着きがないとはどういうことなの！」と怒って聞いてくれません。どうかかわっていけばいいでしょうか。

A 78

いいところをほめながら、問題の部分について話し合っていきましょう

親にとって、子どもは一番大切な宝物です。同時にそれは、もっとも気がかりな存在です。ですから、周りから子どもをほめられれば最高にうれしいし、反対になにか注意されたら一番気にかかるのです。

保護者との話し合いで、もっとも気をつけたいのがこの点です。問題点をストレートに批判すれば、誰でもカチンときます。やんわりと言うのも、言い方しだいです。「Dくんは落ち着きがない」というテーマだけをもっていったら、やはり雰囲気の悪い会話になると思います。Dくんの全体像をもって、保護者と向き合うべきです。

「Dくん、とっても優しいんですよ。この前同じクラスの子に、鉄棒の仕方をていねいに教えてくれていました」「でも最近、部屋では落ち着かない様子が見られます。きっと、もっと外で体を動かしていたいんだと思います。だんだん部屋の中でも落ち着けるように声をかけていきますから、おうちでも気をつけて見てください」

これは一例ですが、ほめるべきところをきちんとほめ、問題とすべきところはどんな指導をしているかを含めて話していきたいものです。

保育者は、子どもを批判、評定する存在ではありません。保護者とともに子育てをする存在です。ともにその問題に取り組む気持ちを伝えましょう。

〈友松 浩志〉

Q 79

主任や園長に直接不満を訴える保護者には？

園での生活に対する不満を、クラス担任である私を飛び越えて、直接主任や園長に訴える保護者がいます。どのように対応したらよいでしょうか。

A 79

できるだけ早く不満を取り除き、いい関係を取り戻しましょう

回答者は園長なのですが、経験からすると、保護者が担任を越えて主任や園長に訴えてくるのは、担任への不満がある時です。その行動に出る前に、保護者なりにいろいろと担任に問題を投げかけていたのではないでしょうか。

例えば、わが園で以前あったことなのですが、子どもが小さなけがをした時に、お迎え時の報告がなくて不信感をもたれてしまい、そんな時、またけがが重なってしまって、とうとう園長に訴えがありました。保育のなかで起きてくる問題は、その都度、きちんと対応したり、説明をしたりして理解を得ていれば、担任との間で、ほとんど解決できることばかりだと考えます。初期に対応していれば、そこまではいかなかったかもしれませんね。

また、担任が保育中に撮った写真に、わが子があまり写っていないということなどから不平等に扱われていると思い込み、園長に訴えてこられた保護者もいました。

たいていは誤解から生じていることなのですから、できるだけ早く不満を取り除き、保護者とのいい関係を取り戻す必要がありますね。そのためには、主任や園長に入ってもらい、保護者との話し合いをもって、意思の疎通を図るようにすることが必要ですね。

〈徳永 満理〉

Q 80

子どものけんかが原因で言い争う母親たちには？

先生 Sくんは ウチのTが 「先にぶった」って言ってるけれど ありえません
なぜですか
なぜなら Tは O型 なんです
血液型行動分析
どの文献にも O型は おっとりタイプと 明記されてますから
あの子が 手を出す 根拠がない ーで、Sくんは 何型です？
それは… 個人情報 なので…
個人情報 とかすぐ 言い出す 先生は A型 しかも 山羊座!!
星座性格大研究
こっ… この人…
図星

Sくんと Tくんのけんかが、母親どうしの言い争いに発展し、それぞれが私に訴えにきました。Sくんの母親とはよく話ができ、理解していただいたのですが、Tくんの母親はテレビや専門書で得た知識を展開して主張してくるので、対応に困ります。どうしたらよいでしょうか。

アクマ園長の回答

まず子どもたちには、親のけんかには子どもは口を出さないことを教えます。そして、自分たちはさっさと仲直りをすることが賢明であることを諭します。

あまり長引くようなら「うちのママより、Sくん（Tくん）のママのほうが若いの？」と、互いに相手の親に質問するように強制指導します。

A 80

解決や仲裁を目的にせず、母親の考えを聞きましょう

こうした言い争いは、解決したり、仲裁したりすることを目的にしないほうがいい場合もあります。つまり、白黒はっきりさせないことです。

人間というものは、自分の考えを理解してもらいたいという気持ちをもつものです。両方の母親と面談していますが、あなたはSくんのお母さんとのほうが、感情的にも互いに受け入れやすく相性がよいようです。Tくんのお母さんは論理的展開をする方のようですが、そうしたことがあなたは苦手なようですね。

ここでは、どっちが正しいかということを判断することはありません。感情的な同意を求める方にはその分野で受け答えてください。理論派のお母さんには、理屈でよくわかることを伝えることです。具体的には、Sくんの母親には「お母さんのお気持ちはよくわかります」ですし、Tくんの母親には「よく分析なさっていますね。勉強になります」と返すといいでしょう。

先生はどっちの味方ですかと問われたら、「子どもにとって一番いい方法を考えましょう」と答えるようにしましょう。これはほんとうのことですから。

〈小林 研介〉

Q 81

保育中の軽いけがに激しく怒る保護者には？

保育中に、Rくんが勢いあまって壁にぶつかり、足を打ってしまいました。病院へ行くほどではなく、生活にも差し支えはありませんでした。しかし、帰宅後あざができてしまったようで、保護者が電話で怒ってきました。どのように対応したらよいでしょうか。

A 81

小さなけがでも、経過や処置の仕方をていねいに説明しておきましょう

けがによるトラブルは、どの園でもよく発生しているようです。やはりできるだけ予防に努めることが大切です。軽いけがと軽くないけがの判断基準は、保護者も保育者も個々に違いますが、いずれにしても基本の処置は覚えておきましょう。

園でのけがには、かみつき傷、ひっかき傷、転んだ時のすり傷、切り傷、転落、打撲、捻挫、火傷などが見られます。保護者が怒るのは、けがそのものが許せないこともありますが、処置の不備や事後の説明不足などに納得できないからということもあります。

近年、子どもたちの遊びや生活体験が減少し、体の育ちや運動能力も低下し続けています。日常的に、子ども自身の体づくりの大切さを発信し続けることも大切です。

また、保護者自身が子育ての知恵や体験を伝授されにくい家庭環境で育っていますから、ちょっとしたけがにも敏感に反応してしまうことが多いようです。子どもたちは、遊びのなかで、小さなけがを繰り返しながら成長していくことを伝えていきましょう。

すり傷の手当てなどは、消毒薬を使わない手当てが一般常識化しつつあります。打撲は、直後にしっかり冷やしておくと、内出血や腫れを最小限にできます。かみつきの傷は、流水で洗ってよく冷やしましょう。深い傷や、顔にできた傷の場合は、念のために外科受診をしたほうがよいでしょう。

看護師が配置されていない園では、医師や看護師などの専門職と連携して、基本の看護を学習しておくとよいでしょう。保育者が基本知識をもって処置しているということを知っていただければ、保護者との信頼関係が生まれ、このような苦情も子どもの立場に立って冷静に話し合えると思います。

〈山口 千恵子〉

Q 82

けがをさせた子の親に文句を言う保護者には？

Yくんが投げたボールがKくんの頭に当たって、こぶができてしまいました。わざとではないのですが、Kくんの母親がYくんの母親に対して文句を言ってきました。どのように対応したらよいでしょうか。

A 82

どちらの保護者にも事実関係を伝えましょう

けがをしながら大きくなっていくとわかっていても、保護者からすると、自分の見ていないところでのけがはたいへん気になるものです。相手がいればなおさらです。やってしまった子の親、やられた子の親、どちらにも配慮が必要です。

まず、保育中に起きたけがは、園が責任をもって対処します。どちらの保護者にも園で起きたことをしっかり伝えましょう。あまり感情をはさまず、事実関係を伝えるほうがよいと思います。その際、とっさのことで保育者がけがを防げなかったことに対してのお詫びもします。

けがをさせた子の保護者にも事実を伝えましたか。けがをした子の保護者は、子どもに「誰にやられたの？」と真っ先に聞くでしょう。子どもからすぐに相手の子がわかります。「こんなに痛い思いをしているのに、相手の保護者が知らない」のでは困るのです。「保育中にこのような出来事がありました」と、忘れずに伝えましょう。

今回の相談のケースでは、保護者どうしの気持ちがすれ違っているようですね。まずKくんのお母さんの話を聞いてみましょう。相手のYくんと、ほかにも同じようなことがあったのかもしれません。「わざとではない」ということも、受け取る相手によっては感じ方が変わります。園内の出来事が原因であれば、場合によっては園が仲立ちをして、互いに納得するまで話し合う機会が必要です。

〈山内 一弘〉

Q 83

けがをさせられた相手の名前を教えてほしいと言う保護者には？

子どもどうしのけんかが原因で多少のけがをした場合、保護者には、それぞれ相手の子の名前は伝えないようにしています。園の方針でそうしているのですが、保護者からは教えてほしいと言われて困っています。どうしたらよいでしょうか。

A 83

まずは園の不行き届きを詫び、双方に経緯を伝えましょう

　以前は私の園でもそのような対応をとっていましたが、現在はけがをさせてしまった親にも話をしています。その話の進め方は、

①園の不行き届きを詫びる（特に、事態を防げなかったことについて）。

②けがをさせてしまった経緯を伝える（特に、けがをさせた本人がどんな気持ちだったかを中心に）。

③今後このようなことがないように保育者が十分に気をつける。

という趣旨の話です。その話をしたあと、極めて日本的な言い回しなのですが、「念のため相手の方に声をかけていただけますでしょうか？」と話します。その意味は、けがをさせたことについてお詫びしてほしいということです。どんな理由があるにせよ、けがをさせたことについては、やはりそれなりの対応は必要だと思います。けがをさせられた側の保護者は、させた側の保護者が事態を知らずに明るく過ごしている様子には、釈然としません。園側が伝えないことで、その親はなにも知らないわけですから、致し方ないのですが、そのことが、後々しこりで残ることも多々あります。

　私の園では、双方に伝えることによって保護者どうしもじかに声をかけ合い、案外こじれずにすんでいます。ただ前述したように、双方の保護者には、この事態を起こした責任は園にあるということを深く詫びることから始めることを、忘れないでください。

〈松村　正幸〉

Q 84

けがの再発防止のため、対策案を文書にしてほしいと言う保護者には？

友達にかみつかれてけがをした子の父親から、「どうしてくれるのか。再発を防ぐためにも対策案を考え、それを文書にしてほしい」と言われました。どう対応したらよいでしょうか。

A
84

双方の保護者に子どもの発達的要求を伝えて信頼し合える関係をつくりましょう

　かみつきという行為は、発達の段階で起こることで、子どもには必ず理由があります。その子の発達要求を満たすようなかかわりを、家庭と園がいっしょに考えていくことが、なによりも大切です。かまれた子の保護者には、できるだけかみつきを防ぐ努力をすることを伝えて、子どもの発達についても理解していただくことが必要です。

　保護者会などからけがへの対策案などの希望がでた場合は、園と保護者会でよく協議をしながら判断してはいかがでしょうか。個人の意見の場合は、希望を出した保護者とよく話し合い、対策案を明記することがほんとうに必要なのかどうかを検討してください。

　かみつきに限らず、けがは、保育者だけの問題ではなく、子どもの健康管理の主体者である保護者自身の問題でもあります。できれば、保護者となんでも話し合える信頼関係がつくられていることが理想です。

　対策案を作成するのは、いろいろな場面設定が必要になるので、とても難しいことです。文書にしばられて、責任追及にふりまわされないとも限りません、文書化する際は、よく話し合って慎重に進めたほうがよいと思います。

　いずれにしても、けがが起きた場合、細かく記録をとり、一つひとつのケースについて職員間で話し合い、状況を振り返ることが大切です。日常的にけがの原因を明らかにして、再発防止策を考える習慣があれば、予防につながるでしょう。できれば、起きたけがだけではなく、「危ない！」と感じたことを職員間で情報交換しておくことが、けがの再発防止につながると思います。

〈山口 千恵子〉

Q 85

けがをして連れて行った病院が気に入らないと苦情を言う保護者には？

子どもが仰向けに転んでしまい、床で後頭部を打ってしまいました。そんなに痛がってはいなかったのですが、念のため病院に連れていきました。保護者に連絡したところ、その病院は自宅から遠いので困ると苦情を言われてしまいました。通院の交通費も出してほしいと言います。どうしたらよいでしょうか。

A 85

心配している保護者の気持ちを受け止めて　その病院を選んだ理由を説明しましょう

けがや急な発病の時は、保護者同様に、保育者もたいへん緊張し心配します。けがの当事者を病院に連れていく際には冷静になるよう心がけ、できれば保護者と事前に連絡をとり、このようなトラブルは避けるようにしたいものです。けがをした時の状況と現在の状態を伝え、連れて行く病院を保護者に確認してから、治療を受けることが理想です。

しかし、さまざまな状況で、そうはいかない場合もあります。

保護者と連絡がとれないこともあります。園として、診察を受ける病院を決めている場合もあります。そのような時は、なぜその病院に連れて行ったのかを、心配している保護者の気持ちを受け止めて説明しましょう。用心のため連れて行ったのであれば、通院の心配は少ないのでしょうが、万が一、通院が続くのであれば、再度その家庭の行きつけの病院で診察してもらい、治療を進める方法もあるのではないでしょうか。

また、園ではけがに対する保険に入っていると思います。治療費と通院費までも、保険でカバーされている場合もあります。その時は領収書と申請書を保険会社の担当者に提出して相談してみる方法もあります。

昨今では、子どもの医療負担が行われてる地域もあります。なにか幼児医療に関する特別な情報があれば伝えていきましょう。

保護者は、なぜその病院に連れて行ったのか、という点を問題視しているようですが、実はけがのことがとても心配なのでしょう。けがの時は特に、園としても誠意を尽くし、最良の対応を考えていることをていねいに伝えましょう。そしてまずは子どもの体調を一番に考えられるよう、互いの理解を深めることが重要です。

〈福田　光葉〉

Q 86

救急車を呼ばなかったと怒る保護者には?

子どもが転んでけがをしてしまいました。病院へ行くほどではないと判断し、お迎えに来た保護者にそれを伝えたところ、どうして救急車を呼ばなかったのかと、抗議されました。どう対応したらよいでしょう。

A 86

救急車は緊急度が基準と理解してもらいましょう

救急車を呼ぶかどうかは、緊急度を考える必要があります。転落や頭部の打撲、誤飲などで意識がない場合、喘《ぜん》息発作やアレルギーによるアナフィラキシーショック、重症の痙《けい》攣《れん》などで呼吸状態が悪い場合など、命にかかわると判断した場合は、救急車を呼んで搬送します。

それ以外にも、突然の事故やけがで出血が多量であったり、意識がない場合など、緊急を要することもあります。そうでなければ救急車は呼びません。

けがをして、救急車を呼んでほしいという保護者には、救急車を呼んでほしいと思う理由や基準をよく聞いてください。どうしても納得されない場合は、救急隊の方の助言を聞くなどして、救急車を呼ぶタイミングや基準などを明らかにしておいてはどうでしょう。

反対に、できるだけ救急車は呼ばないでほしいというケースもあります。いずれにしても、救急車は、保護者の都合で呼ぶかどうかではなく、緊急度を基準に呼ぶことを理解していただいてください。

〈山口 千恵子〉

第7章
情緒不安定タイプ

Q 87

人と接することが苦手な保護者には？

口数が少なく、子育てに自信がもてない保護者がいます。親どうしのつきあいも苦手で、いつも一人でポツンとしています。なんとかしてあげたいのですが、具体的にどうしていいのかわかりません。どんな点に気をつけて接すればよいでしょうか。

A 87

園での子どもの姿を伝えることで心を開いてくれるのを待ちましょう

　人とのつきあいが苦手なお母さんは、一人でいることを嫌だと思っているのでしょうか。機会を見つけて、本人が困っているのかどうか確かめてみることも必要です。それぞれ個性がありますし、必ずしも誰かといっしょにいたいとは思っていないかもしれません。

　こんなお母さんは、保育者にもあまり話しかけたりしませんね。子育てに自信がもてないでいるのでしたら、なおさら萎《い》縮してしまいます。

　「なにか心配なことがありますか？」「お困りのことがありましたら、おっしゃってくださいね」など、まずはお母さんの気持ちを引き出しながら、なにか問題があれば共感していくようにします。

　初めはなかなか話してくれないかもしれません。でも繰り返し根気よく話しかけて、園での「すてきな子どもの姿」を伝えましょう。楽しく遊ぶ姿、がんばる姿、友達とかかわる様子、保育者とのかかわりなど、できるだけ具体的に話してあげてください。保育者と子どものかかわりが具体的に見えてくることで、保育者への信頼が深まり、次第に心を開いてくれることでしょう。

　わが子が保育者に認められていることも、うれしいことですし、わが子の成長する姿を一つひとつ見つけられるようになると、子育てにも自信がもてるようになります。お母さんの気持ちが安定すれば、自ら周囲に話しかけることもできるようになるでしょう。

　無理をせず、自分に合ったかかわり方を自分らしくしていくことが大切です。

〈野上 秀子〉

Q 88

子どもとのスキンシップが苦手な保護者には？

子どもを抱きしめたり、子どもと触れ合ったりするのが苦手な保護者がいます。子どもとのスキンシップは、子どもの気持ちの安定にも大切だと思うのですが、どうしたらよいでしょうか。

A 88

日々の生活のなかで簡単にできるスキンシップの方法を伝えましょう

子どもとの触れ合いが苦手と感じている人に「スキンシップは大切」「いっしょに遊んで」というのは、負担になるかもしれません。そこで、日々の生活のなかで簡単にできるスキンシップの方法を伝えてみましょう。一つでも実行していただけば、子どもの気持ちが安定してきます。

①絵本の読み聞かせでスキンシップ

寝る前や少し時間があった時の絵本の読み聞かせは、親の愛情を近いところで感じることができ、安心感が生まれます。毎日同じ絵本でも、一日5分でも十分です。心と心が通じるすてきな時間になります。

②いっしょにクッキング

夕飯前など忙しい時間帯には、とくに「忙しいから待ってて」「もうすぐだからそっちに行ってて」と大人と子どもの役割を分けてしまいがちですが、この時こそ絶好のチャンス。野菜をちぎったり、茶碗を運んだり、子どもにできることはたくさんあります。少し時間がかかるかもしれませんが、大好きな大人といっしょにする作業にはうれしさが生まれます。たまには失敗もあるかもしれませんが、「ありがとう」の言葉をたくさん伝えてあげたいですね。

③お風呂で触れ合い

いっしょに入るお風呂の時間も、ちょっとしたくふうで、うれしいスキンシップの時間になります。浴槽の中で互いに見つめながら「10」までいっしょに数えるだけで、心が通じます。にらめっこなどの簡単な遊びも、楽しみを共有できます。

④寝る前にぎゅっ！

おやすみなさいを言い合う前に、1秒でもぎゅっ！と抱きしめるだけで、大きな親の愛情を感じることができるでしょう。その日にあったいいことも嫌なことも全部包み込まれるような、そんな安心感から、ゆっくりと眠りにつくことができます。たったの1秒ですが効果的です。

どの家庭でも行っていることでしょうが、大切な意味があることに気づけば、変化が見られるはずです。

〈福田 光葉〉

Q 89

「子どもが嫌い」と平気で言う保護者には？

私のクラスに、子ども嫌いの母親がいます。「自分の子どもでもかわいいと思えない」「子どもと二人だけで家にいると息がつまりそう」などと言っています。どのような働きかけをしていったらよいでしょうか。

A 89

子どもといると楽しいという瞬間を積みあげるようにしていきましょう

きっと子どもとの関係のなかで、「楽しい！」と思ったり、「かわいい！」と思ったりする瞬間がなかったのかもしれません。

子どもによっては、育てにくい子もたくさんいます。母乳がうまく飲めなかったり、敏感で寝たと思ったらすぐに起きてしまい、あまり寝てくれない子だったり。そういった寝ない、飲まない、泣いてばかり……の子どもたちに振り回されて、子育てをしている保護者もたくさんいます。それが積み重なり、大きくなっていっても気持ちがすれ違い、うまく関係がとれず、「子どもが嫌い」と思うようになっていったのではないかと思います。

また、自分の時間をすべてつぶしてしまう存在としてしか、とらえられないのかもしれません。そんな気持ちを、まず聞いてあげたいと思います。「なぜ子どもが嫌いなのか」聞いてみましょう。そのうえで、園でとっても楽しんだ簡単な遊びを具体的に紹介したり、好きな絵本を紹介して貸したりするなかで、実感として「子どもといっしょにいると楽しい」という瞬間を積みあげられるようにしていきたいと思います。

園でも楽しい遊びをいっぱいするなかで、子どもが変われば、きっと親も変わっていくでしょう。

〈桃澤 智恵子〉

Q 90

子どもに怖がられている保護者には？

M
帰るわよっ
ふぇ〜ん
きのうもMちゃんママ見て泣いたね…
あれは絶対家できつくしかってるんだよ
それでママが怖いんだね
ひどいよっストレスがあっても子どもにあたるなんてっ
だよねっ私も許せないっ
夕方
M帰るよっ
ギャヒ!!
ゴゴゴゴ…
Mのママめ〜
ゴゴゴ…
許せんっ
状況が悪化してるよっ

4月から、Mちゃんの母親がパートを始めたのですが、時間に余裕がなくなったせいか、家庭で子どもを怒ってばかりいるようです。お迎えの時、Mちゃんは母親の顔を見て泣きだすようになりました。どうしたらよいでしょうか。

アクマ園長の回答

その子と鬼の絵を描きましょう。なるべく怖い鬼をモデルにします。

保育者はその絵を、「お母さんの絵を描いたのですよ」と言ってその母親に見せます。

「子どもは正直」「絵は心を表わす」とクラス便りで事前に述べておけば、効果は思った以上です。お灸が効きすぎた場合は、鬼を描いたことを言ってもかまいません。ですが、殴られた場合の責任は負えません。

A 90

母親の気持ちを受け止め、園での様子を伝えましょう

Mちゃんのお母さんは、仕事に子育てに忙しく、心身ともに疲れていることが予想されます。きっと真面目にどちらもこなそうとしているお母さんだと思います。

このような場合、そんなお母さんの気持ちを、まず受け止めてあげることが必要です。往々にして自分で意識していないことが多いので、話のきっかけとして園での子どもの変化を伝え、そこから家での様子を聞くようにしてはいかがでしょうか。

母親との間の信頼関係をつくるためにも、決して母親の立場を責めたり、追い込んだりしないようにすることが大切でしょう。そのうえで、園での子どもの様子から、保育者としてこんな点が心配であると伝えるようにします。保育者が互いに子どものことを考えていくという姿勢をとることにより、母親に、保育者とともに考えていこうという安心と余裕がでてくることをねらいます。

〈小林 研介〉

Q 91

子どもにあたる保護者には?

忙しいんだから
それくらい
がんばりなさい!!!
くつ下が
はけないよ〜

仕事が忙しく疲れてくると、イライラして子どもにあたってしまう保護者がいます。子どもがかわいそうなので、なんとかしたいのですが、どう対応していったらよいでしょうか。

A 91

子育て中のほかの保護者の力を借りて気持ちを受け止めていきましょう

いつもイライラして子どもにあたるということは、保護者の日常の状態がよくないのは言うまでもないことです。保護者の日常の情緒の安定を確実にすることは、子どもにとっては大切なことです。

少子化のせいか、昨今は、親に気をつかう子どもが少なくありません。子どもはけなげにも、親の気持ちが安らいで、家族に対して安定した気持ちで接してくれることを望んでいると思われます。家族が大家族から核家族に変化し、他人とは没交渉と無関心の地域社会のなかで、親たちは子育てに戸惑っています。園が保護者にとってほっとできる居場所になっていくことが、親たちのイライラを多少解消することになるのではないでしょうか。

時間に遅れることも、忘れ物も受け入れながら、仕事が忙しいのか、家族になにか問題が起きたのかを見守り、保護者とのコミュニケーションを大事にしていくことが、子どもを守ることにつながるのではないかと思います。

一方で園は、子育て中の仲間が集う場でもあります。なん人もの子どもを育ててきた先輩ママも、一人目の子どもを必死で育てている新人ママもいる、さまざまな親たちの集まりです。保護者会は、親たちが共通の立場で参加でき、それぞれの体験を語り合ったり親どうし触れ合ったりすることで、心をオープンにできます。保育者の知恵を借りるよりは、思いを受け止めてくれる仲間がいることが、仕事の忙しさ、家庭内の問題のわずらわしさを後回しにしてくれるでしょう。将来、子育ての喜びや悩みを共有するパートナーを得ることにもなるでしょう。

保育者は、保護者に向き合う時にどういう対応をしていけばよいのか迷うこともあります。保護者会の力を借りながらコーディネーター役に徹し、保護者の気持ちを受け入れていくことも大切なことではないでしょうか。

〈若林　宏子〉

Q 92

子どもに手をあげる保護者には？

どうして片づけしてこないの!?
パシッ
あっ！

子どもが言うことをきかなかったり、ぐずったりすると、口より先に手が出てしまう保護者がいます。どのように対応したらよいでしょうか。

A
92

わが子を愛《いと》おしく感じられるエピソードを意識して伝えていきましょう

いきなり「お子さんをたたかないでください」と保護者にお願いしても、反発しか招きません。「わかっていてもつい」というのが、保護者の現状なのではないでしょうか。子どもに手を上げることがいけないということを、頭では十分理解できているのに、自身の感情をコントロールできない親の苦しさに、まずは心を寄せましょう。

なぜたたくのか、その裏にある心の動きに思いをはせると、保護者自身の気持ちに余裕がないことが見えてきます。たたかれることで泣く、すねるなど、保護者にとって好ましくない態度を子どもが表すので、さらに保護者はイライラを募らせます。この悪循環の輪をどこかで断ち切らないと、ずっと連鎖していくことになります。

保護者のイライラの原因は人によってさまざまです。保護者自身が抱えている家庭や仕事や生い立ちなど種々の問題をすべて聞いて、それを取り除くことは困難です。

しかし、問題を解決することはできなくても、その子が発した言葉や成長の様子など、保護者がわが子を愛おしいと感じられるエピソードを意識して伝えることは可能です。その際、ほかの子どもとの比較は焦りや不安を招くので、決してしてはいけません。そのうえで、保護者が子どもに声をかけ、認めるきっかけづくりをします。

子どもと保護者の橋渡しをすると同時に、保護者との信頼関係を築いていきましょう。保護者が背負っているイライラの一端でも吐露できるようになれば、保護者も少しずつ子どもへの接し方が変わってくることでしょう。

〈浜名 浩〉

Q 93

幼児虐待が疑われる保護者には?

1歳のKくんの着替えの時、背中や太ももに、たびたびあざが見られます。親から虐待を受けているのではないかと思うのですが、直接親と話すにも、どう切りだしたらいいかわかりません。対応策を教えてください。

A 93

まず虐待かどうか確かめましょう 保護者を責めないことも大切です

まず、担任として虐待かどうかを確かめてみることが大切です。

保護者との信頼がある場合、なぜあざが見られるのか、率直にたずねてみましょう。親の子どもへの対応のまずさや、日ごろの子育て状況のせっぱつまった思いを受容しながら、子育てや家庭の問題で苦慮していることを受け止めていく姿勢で保護者とかかわりましょう。

信頼関係ができていることに確信がもてない時は、踏み込んでいくのは困難です。ほかの専門機関に委ねながら、側面から個別の状況や事情に合わせて支援していきましょう。

保育のなかでは、保育者が虐待の第一発見者になる事例も多くなってきています。対応を経験した保育者も多く、各地で個人情報に配慮しながら事例の勉強会や研修会が行われています。虐待を疑ったら、まず園のなかで話し合って、子どもや家庭の状況などについてさまざまな立場から検討して、問題を確認し、共通の認識を持つようにします。

児童福祉法には、虐待を受けている子を発見した人は児童相談所、福祉事務所に通告する義務があることが明記されています。通告にあたって大事なことは、「疑い」でよいから、早めにすることです。虐待かどうかは児童相談所が調査を行って判断します。虐待かどうか確実になるまで待っていたら、子どもはもっとひどい傷害を受けるかもしれません。通告は書式は特になく、電話でも訪問をしてもかまわないとされています。通告者名を保護者に伝えることはありません。児童相談所に通告する前に、役所の所管課に相談する、あるいは保健所に相談するのも現実的な対応といえましょう。

虐待をしていることがわかった場合、大事なことは保護者を責めないことです。園はあくまでも保護者の味方という立場で、保護者と子どもが安心して通園してくる場にしたいですね。保護者が子どもを通園させなくなった場合は、危険が大きくなるので十分注意しましょう。

〈若林　宏子〉

Q 94

家庭内のトラブルを相談に来る保護者には？

きょうも
姑が……
そんなことまで
言われても……

Mちゃんの母親に、「姑《しゅうとめ》との関係がうまくいかない。どうしたらいい？」と相談されました。子どもの問題だけならともかく、家庭内の問題まで相談されても困ります。どうかかわっていけばいいか教えてください。

A 94

話を聞いて気持ちに寄り添いながら、解決策を見いだせるように支援しましょう

母親が自分で、あるいは家族で解決する問題であるのは当然です。しかしながら、家庭は子どもが生活する基盤です。また、母親の安定は子どもが育つうえで欠かせないものでもあります。その母親が問題を抱えているとしたら、できるだけ支えていくことも必要になってきます。

担任では手に余る場合は、園長や主任の力を借りるのがよいでしょう。母親自身、誰にも相談できず、どうしようもないとわかっていて、話さずにはいられないのだと思います。きっと解決策を求めているのではないのです。自分の気持ちを誰かに話したい、そして知ってほしいのでしょう。じっくりと話を聞き、母親の気持ちに寄り添いながら、そのうえで自分で解決策を見いだせるように支援していきます。気持ちがわかってもらえることで、落ち着いて自分を見つめなおしたり、修正したりする勇気がわいてくるものです。

気をつけなければいけないことは、あくまでも母親の気持ちを受け止めることであって、双方の非を責めたりしないことです。そして、母親のがんばりを応援してあげましょう。「大勢のご家族のなかで、よくがんばっていらっしゃいますね」というひと言も、母親にとってはうれしいことでしょう。

〈野上 秀子〉

Q 95

家族間で異なる子育ての考え方を、それぞれ主張する保護者には？

お母さんの代わりに、同居しているおばあさんがお迎えにくることがあるのですが、双方の意見に食い違いが多くて困っています。例えば、おばあさんは、泥まみれになって遊んでほしいと言うのに、お母さんは、できるだけ服を汚さない遊びをしてほしいと言います。どう対応していけばよいでしょうか。

A 95

園の方針を含め、家族で話し合ってもらいましょう

園の子育ての考え方はどうなのでしょうか、また、担任の考え方は？　お母さんとおばあちゃんの考え方のどちらが、保育者の保育方針と合っているでしょう。

もし、泥まみれで元気いっぱい遊んでほしいと思うのなら、なぜ泥まみれで元気に遊ぶことが大切なのかを、お母さんに話すことが必要です。

そしてお母さんの子育ての考え方や悩み（洗濯がたいへんなのか、子どもに静かにおとなしく遊ぶことを望んでいるのか、おばあちゃんとの関係が問題なのか）などを聞きながら、子育てについて話し合ってみてください。

また、園での子どもの様子を伝えることも大切です。泥まみれで元気いっぱい遊んでいる姿があるのか、お母さんに気をつかって服を汚さないように遊んでいる姿があるのか、それをお母さんに知らせ、子どもがどのような生活、遊び、友達とのかかわりをつくっていくのかなど、具体的な例を示しながら話してみてください。

複数の大人に違った考え方で子育てされるのは、子どもにとって、とても迷惑なことです。顔色を見たり、うそをついてごまかしたりすることも生じてきます。ですから、おばあちゃんを含めた家族で、子どもにどのように成長してほしいのか、園の方針も含めて話し合ってもらうよう、働きかける必要があるでしょう。

〈篠原　秀子〉

Q 96

子どもに父親の悪口を言う母親には？

5歳のJちゃんに、「パパはダメ男」「J子はパパみたいな男と結婚しないでね」などという母親がいます。子どもに話すことで不満を発散しているのかもしれませんが、Jちゃんに与える影響を考えると心配になります。どうしたらよいでしょうか。

アクマ園長の回答

反対言葉遊びを提案します。きょう一日、反対の言葉で生活しましょうという遊びです。

朝のあいさつは「さようなら」、お弁当を食べる前に「ごちそうさま」、外に行く時は「内に行こう」というようにです。この遊びでは当然「嫌い」は「好き」になります。

「大人でも反対言葉遊びをする人がいるのよ」と言うと、案外うなずく子がいます。

(反対言葉で)先生が嫌いな人?
はーい大嫌いでーすっ
複雑…

A 96

両親が互いにカバーし合う大切さを話してください

子どもにとって幼児期は、生涯にわたる父親像、母親像をつくっていく大事な時期であることを伝えます。それは、よいこと悪いことの規範意識のめばえや、清潔や整頓《とん》の生活感覚、習慣形成と同じであると考えられます。

この時期に、父親像、母親像を否定的に思うことは、子どもにとっていいことではありません。将来こうなりたいという目標が、もちづらくなるからです。現実の父親、母親がもちろん百点満点でないことは当然かもしれませんが、それを両親が互いにカバーし合うことが必要なことを話してください。夫婦間の問題はどうしても子どもに影響を与えますから、故意に悪口を言うなど、マイナスなイメージを抱かせないようにしたいものです。

なお、園として夫婦間のことには立ち入れないこともありますが、そのあたりの相談にのる園長、主任の役割も、今後重要になってくると思います。

〈小林 研介〉

Q 97

兄弟姉妹で差別をする保護者には？

３歳違いの弟がとてもかわいいようで、上の子にはそっけない母親がいます。登園しても寂しそうにしている子どもの様子が気になるのですが、どう対応していったらよいでしょうか。

A 97

なぜそっけない態度になるのか原因を探ってみてください

よく下の子どもがかわいいと言う親が多くいますが、あまり極端になると困りますね。

なぜ上の子にそっけなくするのか、なにげなく聞いてみてはどうでしょう。もしかしたら、あまり意識はしていなくて、大きくなったという思いから、そんな行動が出ているのかもしれません。

もしそうだったら、上の子もまだ年齢的には甘えたい時期で、両親の愛情がいっぱいほしいし、お話もいっぱい聞いてほしいと思いますよ、そして、園で寂しそうな顔をしている時もありますよ、などと、様子を知らせてみてください。

兄弟は、大きくても小さくても平等に扱われないと、ひがんで内にこもることがあります。そのままだと上の子どもが、いつか思春期などにキレてしまう時がくるかもしれないことを話してみてください。

また、どうしても上の子と合わなくて腹が立ったりすることがあるようでしたら、虐待がないかそれとなく注意することも必要でしょう。そして、母親が上の子のことをどのように考えているのか、なぜそっけない態度になるのか話し合い、原因を探ってみてください。原因がわかれば、対応の仕方が違ってくると思います。

園ではできるだけこの子を気にかけ、話しかけたり、触れ合ったりし、気持ちを和ませることを心がけてあげてください。大人が信頼できなくなると心を閉ざしてしまうことがあるので、保育者は違う、なんでも話せる、甘えられる、という存在になってあげてください。

〈篠原　秀子〉

Q 98

すぐ上の子とくらべる保護者には？

あー、おもらししちゃったの？
お兄ちゃんは3歳でトイレに行けたわよ！

「お兄ちゃんはすぐにできたわよ」などと、なにかにつけて上の子とくらべる保護者がいて困っています。どのように働きかけていったらよいでしょうか。

A 98

これまでの子育てについて、いろいろ話を聞いてみましょう

二人目の子どもが生まれたら、誰だって前に生まれた子どものことを思い浮かべながら子育てするものです。比較しないほうが不思議です。でも、それがあまりに極端になると問題が生まれます。

どの子も赤ちゃんの時から、個性をもって生まれてきます。ミルクをたくさん飲む子、飲まない子、よく泣く子、泣かない子、挙げたらきりがないくらい違うところだらけです。と同時に同じところもたくさんあります。同じ遺伝子を持って生まれてきたのですから、似て当然です。

親というのは、こうしたことがよくわかっているものです。そうでありながら、すぐ前に育てた経験が頭をよぎって「前はああだったのに」「こんなはずじゃないのに」とイライラ迷ったりするのです。

保育する側としては、今目の前にいる子について、真剣に語りかけるしかありません。下の子には下の子の個性があります。お兄ちゃんのまねをしたり、お兄ちゃんに頼ったりしながら生きています。その現実を語りかけながら、これまでの子育てについて、保護者からいろいろ話を聞いてみましょう。

どんな保護者にとっても、保育者はよき子育てのパートナーです。快く話してくれるはずです。

〈友松　浩志〉

Q 99

保育者に不信感をもつ保護者には？

うちの子だけ折り紙配られてないわっっっ
?

保育参観の時、Sくんの折り紙が足りなかったのに、それに保育者が気づかなかったことがありました。それ以後、Sくんの母親に、保育者が自分の子どもを見ていないと不信感をもたれてしまっています。どうしたらよいでしょうか。

A 99

まずお詫びして子どもの様子を伝えていきましょう

配り忘れなどの確認不足で、子どもたちを不安にさせてしまったり、困らせてしまったりすることはよくないことですが、ミスは誰にでもあるものです。まずは、確認不足でSくんを困らせてしまったことを、ていねいにお詫びしましょう。

お詫びした後は、少し時間をおいてから、「先日は申しわけありませんでした」と伝えながら、Sくんの遊びの様子を「きょうは、砂場でAくんとBちゃんと協力して大きな川をつくっていましたよ。水を流した時に、できた！　と大きな歓声をあげて喜んでいましたよ」など、具体的な姿を伝えましょう。

また、「お花に水をあげている時に、大きくなってねと優しい言葉をかけていましたよ」など、うれしい言動や成長したと感じられるところなどとともに伝えていくとよいでしょう。

このように、「先生はSのことを見ていてくれているんだ」という安心感につながるよう、ささいな出来事の報告をするなど、お母さんとの会話の積み重ねが重要です。一度与えてしまった不信感を解消するには、時間がかかると思いますが、あきらめずに少しずつ距離を埋めていきましょう。

「未熟で至らない点が多く、ご心配をおかけすることもあるかと思いますが、Sくんのことが大好きです」という気持ちと、これからもがんばっていきたいという気持ちを、素直に伝えることも大切ですね。

なかなか距離が縮まらず、関係が悪化しているのが心配な場合には、主任や園長に相談してみましょう。

〈亀ケ谷 忠宏〉

Q 100

子どもの言うことだけを信じる保護者には？

ぼくばかりがしかられるって言うんですが！
本当かしら!?
ええ〜〜!? 全く身に覚えがありませんが〜〜

私の身に覚えのないことを「うちの子がこう言っていましたけど…」と不信感をあらわに言ってくる保護者がいます。子どもの言うことだけを信じて、私の言葉には耳を傾けてくれないのです。どうしたらよいでしょうか。

A 100

子どもにも話を聞き、食い違っているところを整理しましょう

まずは、どのような内容について食い違いがあるのか、よく整理してみましょう。そして、子どもがなぜ、事実と違うことを親に告げてしまっているのかを考えましょう。

親が心配するようなことを言って、注意をひこうとしていることも考えられるでしょう。逆に、よい子でいることで親に認めてもらいたくて（園で怒られたことは隠したい）、必死の子もいるでしょう。場合によっては、子どもに話を聞いてみる必要もあります。もしかしたら保育者のかかわりのまずさが、子どもに思いもよらない感情をもたせてしまい、保育者が思っていることとは違うことを子どもが話していることだってあるのです。「先生は○○ちゃんだけかわいがる」「ぼくの話は聞いてくれない」「ぼくのことばっかりしかる」などのようにです。また、子どもの言うことがすべてで、いつもその言葉に親が振り回されている場合もあるでしょう。まずはそれらを明確にすることで、保護者にどのように話をしていけばよいかが見えてくるでしょう。

また、保育参観に来て、実際の子どもの様子を見ていただくことで、保育者の話に耳を傾けてもらうきっかけになることもあると思います。

この問題は、どちらかというと経験の少ない保育者に多いかもしれませんね。子どもとの信頼関係はもちろん、保護者との信頼関係を一日でも早く築き上げる必要性を強く感じます。

〈佐久間 浩子〉

Q 101

子どもにプレッシャーを与える保護者には？

どうしてトイレでできないの!?
もう3歳なんだから!!
しょんぼり…

おむつがはずれないことを気にしている保護者がいます。「もう3歳なんだから！」とプレッシャーをかけるので、子どもも萎《い》縮してしまい、ますますうまくいきません。どう対応していったらよいでしょうか。

A 101

母親との安定した関係が必要であることを伝えていきましょう

0・1歳から入園している子どもであれば、当然それまでの保育のなかで自立してきていることと思われますが、2歳後半、3歳近くで入園してきた場合、おむつがはずれていない子どもに出会うことが多く見られるようになりました。

　トイレトレーニングの一番大きな問題は、おしっこの始末をする親の側にあります。おもらしをされ、後始末をしなくてはいけない母親は、イライラして子どもをしかってしまうことが多くなります。これでは3歳になって発達的にも十分な年齢に達していても、なかなかおむつはとれません。

　排泄に関しては、精神的な安定が必要なこと、特に母親との安定した関係が必要であることを、排尿のしくみとともに伝えていくことが重要かと思います。

　排尿は神経系の発達にともなって自立していくこと、排尿の自立はとても個人差が大きいことを伝えましょう。その子その子の発達に即した援助を心がけることが大切です。決してほかの子とくらべてはいけないことも話します。

　そこで、排尿の自立に向けた取り組みをともにしていけるよう、保護者を励ましながら支援していくことが必要です。「一日のうち半分以上トイレでできるようになってからパンツにしてはどうですか」と伝え、ともに努力してみようと励ましてはいかがでしょう。おもらしをしてしまってもしからず、子どもが「おしっこ」と伝えてくれる機会を待つ大切さを伝えましょう。トイレでのおしっこを促し、うまくいった時にはせいいっぱいほめ、母子関係を安定した状態にして、あたたかく見守る姿勢が必要です。

　トイレトレーニングの理解が進むと、子どもと向き合う姿勢もおのずと変化してくると思います。子どもは保護者にあたたかく見守られて心も体も安定し、おしっこの自立へ向かってくれることでしょう。

〈若林　宏子〉

回答者一覧（五十音順）

【監修・回答】

小林 研介　栃木県・呑竜幼稚園 園長

徳永 満理　兵庫県・おさなご保育園 園長

【回答】

市枝 恵子　兵庫県・おさなご保育園 保育士

亀ケ谷 忠宏　神奈川県・宮前幼稚園 園長

木藤 尚子　京都府・自然幼稚園 園長

小西 律子　兵庫県・おさなご保育園 調理師、食育インストラクター

佐久間 浩子　神奈川県・おおぞら幼稚園 主任

篠原 秀子　兵庫県・元公立保育所 所長、子育て支援センター「きりんはうす」所長

関　章信　　福島県・福島めばえ幼稚園 園長
友松 浩志　　東京都・神田寺幼稚園 園長
野上 秀子　　東京都・久我山幼稚園 園長
浜名 浩　　兵庫県・立花愛の園幼稚園 園長、武庫愛の園幼稚園 園長
福田 光葉　　神奈川県・西鎌倉幼稚園 園長
松村 正幸　　東京都・鶯谷さくら幼稚園 園長
桃澤 智恵子　　兵庫県・あひる保育園 園長
山口 千恵子　　兵庫県・おさなご保育園 看護師
山内 一弘　　東京都・亀戸幼稚園 園長
若林 宏子　　兵庫県・元公立保育所 所長、兵庫大学短期大学部 講師

●監修者

小林 研介（こばやし けんすけ）

栃木県・吾竜幼稚園園長、足利短期大学講師、佐野短期大学講師。編著、共著に「保育環境プランニングブック②3・4・5歳児の保育環境」「運動会種目・運営アイデア大事典」「お誕生会アイデア大事典」（以上、チャイルド本社）など多数。

徳永 満理（とくなが まり）

兵庫県・社会福祉法人おさなご保育園園長、絵本作家。著書に「絵本でひろがる子どものえがお ── 発達にそった年齢別読み聞かせ」（チャイルド本社）、絵本に「あっあっあっ、みーつけた!」（童心社）、「はるちゃんのぽんぽりぼうし」（ひさかたチャイルド）など多数。

カバーイラスト	100%ORANGE
装丁・本文デザイン	鈴木久美
本文イラスト	市川彰子、大枝桂子、北村友紀、中小路ムツヨ、三浦晃子、MICANO、みさきゆい、みやれいこ
4コマイラスト	大枝桂子
編集協力	東條美香
編集担当	石山哲郎、西岡育子

保育Q&A 101

こんなときどうする？

保護者対応

2009年4月　　初版第1刷発行

監　修　小林研介　徳永満理

発行人　浅香俊二

発行所　株式会社チャイルド本社

〒112-8512　東京都文京区小石川5-24-21

電　話　03-3813-2141（営業）　03-3813-9445（編集）

振　替　00100-4-38410

印刷所　共同印刷株式会社

製本所　一色製本株式会社

ISBN　978-4-8054-0139-2 C2037　NDC376　21×15cm　216p